KB197209

가장 평범한 아픔

가장
평범한
아픔

모두의
건강권을 찾아서

김명희 지음

이글루

추천사

이 책은 우리가 한국 사회의 보건의료 현실에 대해 잘못 알고 있던 것, 몰랐던 것을 정확히 알려준다. 의사인 저자의 전문가로서 열정과 쉽고도 깊이 있는 인문학적 글쓰기는 올리버 색스Oliver Sacks, 어빈 얄롬Irvin D. Yalom 같은 '사회 의사'를 연상하게 한다. 나는 모든 교육 과정에 정치, 환경, 건강 교육이 필수가 되어야 한다고 생각한다. 이 책은 이 모든 교육을 포괄하는 교과서이며, 시민들이 갖춰야 할 '필수 상비약'이다. 한국 사회에서 '정의란 무엇인가'에 대한 질문과 '답'이 여기 있다.

- 정희진(서평가, 『다시 페미니즘의 도전』 저자)

이 책은 현장에 기반한 문제 인식이 명확하고, 이를 설명하기 위한 학술적 근거가 적확한 데다, 이 둘을 연결 짓는 논리에 틈새를 좀처럼 찾기 어렵다. 그래도 어딘가 허점이 있겠지 하고 투쟁심이 불타 눈꺼풀에 힘을 주게 될 즈음이면, 부조리한 현실을 비트는 저자의 유머가 담긴 문장을 마주하고 실소하면서 스르르

김이 빠진다. 저자의 글은 개인의 행위보다는 사회적 결정 요인
에 초점을 맞추며, 상식으로 치부되는 관념을 멀리하고 이성적
판단만을 신뢰한다.

– 임승관(경기도의료원 안성병원장)

한국 사회에서 건강을 둘러싼 이야기는 지독할 정도로 '개인'에
게 초점이 맞춰져 있다. 건강에 결정적인 영향을 미치는 사회경
제적 조건은 애써 모른 척한다. 예방의학 전문의인 저자는 문제
를 문제로 만들기 위해 정확하게 쓴다. "사람이 죽고 사는 것만
큼 궁극적인 건강 문제는 없"기 때문이다. 이 책은 불필요하고,
부당하고, 예방할 수 있는 죽음 앞에 권력이 어떻게 비겁해지는
지를 낱낱이 드러낸다. 보건의료가 공공재라는 새삼스러운 깨
달음의 자리로 우리를 데려다 놓는다. 그 덕분에 우리는 "스스로
정답을 제시하지 않는 과학"을 대신할 '다른 정치'의 가능성을 상
상해보게 된다. 날카로운 동시에 유머를 잃지 않기란 매우 어렵

다. 저자는 그 어려운 일을 대수롭지 않게 한다. 글쓰기의 힘을
목격하는 쾌감은 덤이다.

- 장일호(『시사IN』기자, 『슬픔의 방문』저자)

내 몸과 마음의 건강은 어쩌면 내 문제만은 아닐 수도 있다. 내
가 숨 쉬는 환경, 내가 일하는 공간, 나와 관계 맺는 사람들이 나
를 통과하면서 마음에도 몸에도 어떤 흔적을 남긴다. 그 흔적으
로 나는 아프기도 하고 슬프기도 한다. 저자는 우리의 몸과 마음
에 남은 아픔과 슬픔을 깊은 눈으로 보듬는다. 학문하는 사람의
품이 이렇게 넓을 수도 있다(차갑지 않다. 딱딱하지 않다). 따뜻하
다. 콧등 시큰하다. 정겨우면서도 유머러스한 문장 속에 깊은 울
림을 주는 통찰 속으로 독자들을 초대한다.

- 전수경(노동건강연대 활동가)

이 책은 의료와 건강을 둘러싼 불평등 문제를 흥미로운 역사적 사실과 저자의 해박한 지식으로 생생히 보여준다. 저자는 반도체 노동자들의 백혈병, 암, 생식독성 연구를 비롯해 노동자와 시민의 건강을 위해 끝없이 연구 활동을 해왔다. 현장 기반 연구를 바탕으로 한 저자의 깊은 통찰은 우리의 인식을 넓히고 평등을 향한 발걸음을 재촉한다.

- 이종란(반도체 노동자의 건강과 인권지킴이 반올림 활동가)

건강할 권리에 대해 이렇게 인문학적 감수성과 과학적 논리를 바탕으로 촘촘히 구성한 책이란 보기 드물다. 숫자가 아닌 아픈 사람들의 삶에서, 역사의 오랜 흐름 속에서 함께 고뇌한 학자만이 낼 수 있는 향기가 느껴진다. 놀라운 건 그가 질병의 증거를 탐색하는 예방의학 전문가라는 사실이다. 가장 평범한 언어로 가장 깊은 슬픔을 전달하는 한 의사의 고백에 귀 기울여보시길!

- 김관욱(인류학자, 의사)

책머리에

우리 삶에서 건강이 가장 중요한 가치는 아니다. 사실 건강, 건강 노래를 부르며 유난 떠는 사람들을 보면 이 풍진 세상에 혼자서 얼마나 오래 살려고 저러나 시큰둥해진다. 그뿐만 아니라 현실에서 '완벽한' 건강 상태란 없다. 인간을 포함해 모든 유기체는 끊임없는 외부 스트레스에 반응하며 시시각각 변화한다. 이때 스트레스란 심리적 혹은 신체적 고통을 일으키는 유해한 자극만을 일컫는 것은 아니다.

계단을 오르내리고 몸을 움직여 일을 하고, 낯선 사람과 만나 대화를 나누고, 아이를 돌보고, 강아지를 산책시키고…….

우리가 집, 동네, 학교, 일터, 지하철과 버스, 시장, 공공기관, 공연장, 경기장 같은 곳에서 일상적으로 경험하는 외부의 자극은 모두 우리 몸에 생물학적 반응을 이끌어낸다. 이 중에는 긍정적 효과를 발휘하는 경험들도 있고, DNA나 세포와 조직에 상처를 내는 경험들도 있다. 이렇게 상처를 내는 환경들은 '랜덤'으로 존재하거나 개인이 자유롭게 '선택'할 수 없는 것이 대부분이다. 이미 생겨난 상처를 치료하고 치유하는 기회 또한 마찬가지다.

이 책의 제1장과 제2장은 우리 건강에 영향을 미치는 사회적 요인들, '건강 결정 요인'을 다룬다. 우리가 선택할 수 없는 것들 혹은 스스로 선택한다고 생각하지만 사실은 제한된 선택지만 존재하는 상황에서 이루어진 선택이 건강에 어떤 영향을 미치는지, 더 나아가 무엇이 우리의 건강 기회를 제약하는지에 대해 이야기한다.

제3장은 상처를 치유하고 회복하는 데 중요한 역할을 해야할, 하지만 기대에 부응하지 못하는 사회적 보호 장치의 현재 모습을 다룬다. 제4장은 문제를 문제로 인식하는 수단, 그리고 건강 약자의 문제를 해결하기 위한 '건강 정치'에 대해 이야기한다. 한국 사회에서 정치란 순수하지 못한 것, 이해利害를

숨기고 있는 음험한 것, 과학적 합리성과는 거리가 먼 당파성이라는 오명을 안고 있다. 하지만 건강 기회를 제한하는 것도, 건강 잠재력을 발휘할 기회를 열어주는 것도 모두 정치라는 점에서 우리는 정치에 대해 더 잘 알아야 한다. 그리고 좋은 정치를 만들어가야 한다. 이러한 바람이야말로 글쓰기를 지속하게 만드는 힘이었다.

이 책에 담겨 있는 내용은 내가 오랜 기간 홀로 면벽 수행을 통해 얻은 지식이 결코 아니다. 오랫동안 회원으로 활동해 온 노동건강연대는 내가 책상에서 연구만 했더라면 알지 못했을 세상과 사람들의 모습을 알게 해주었다. 또한 10년 동안 몸담았던 시민건강연구소의 실천적 연구 활동은 이 책에 쓰인 여러 글의 중요한 밑바탕이자 구체적 자료가 되었다. 이 책을 통해 독자들이 이들의 활동에 관심을 가지고 연대할 수 있다면, 그보다 바람직한 책의 '직접' 효과는 없을 것이다.

이 책에 담긴 글들은 예전에 『시사IN』에 연재했거나 『경향신문』, 『소셜코리아』 등에 실었던 일부 원고들을 수정 보완한 것이다. 특정 시기의 문제나 쟁점에 대한 글들도 있지만, 대개는 우리 사회의 '오래된' 문제를 다루고 있다. 심지어 특정 시기의 쟁점을 다룬 글들조차도, 개선이나 변화가 좀처럼 일어나지 않아서 어제 쓴 글처럼 읽힐 수 있다는 점이 다소간 슬픔의 포인트다.

책을 읽는 사람은 점차 줄어들고 책을 내겠다는 사람만 넘쳐나는 시대에, 이러한 불균형을 한층 심화시킬 것이 분명한 행동을 하는 것이 과연 적절한지 내심 고민이 들었다. 그럼에도 독자들에게 이야기를 건네고 싶다는 마음, 조금이라도 사회에 도움이 되지 않을까 하는 기대 속에 글을 모았다. 정도의 차이가 있을 뿐, 아마 상당수의 저자들이 이런 종류의 비대한 자의식과 과대망상을 공유하고 있으리라.

신자유주의 아이콘 마거릿 대처Margaret Thatcher는 "사회란 것은 없다. 다만 개인과 가족만이 존재할 뿐"이라고 말했다. 실로 대단한 기만이다. 우리 각자가 경험하고 있는 문제들이 사실은 나만의 특별한 사연이 아니라는 점을 깨닫는 순간, 개인들의 생애가 모여 사회의 역사가 되고 역사 속에 개인의 삶이 배태되어 있음을 깨닫는 순간, 우리는 세상을 바꾸어나갈 힘과 의지를 얻게 된다. 독자들이 그러한 깨달음의 순간을 맞이하는 데 이 책이 조금이라도 도움이 되기를 간절히 바란다.

차 례

제1장   무엇이 건강을 위협하는가?

의사들은 왜 파업을 할까?

선별검사가 건강을 위협한다

가난의 자격을 묻지 마라

종교는 때로 사람의 건강을 해친다

페미사이드, 여자라서 죽는다

건강을 돌보지 않는 사회

제3장　　　　　　　　　　건강을 보호하지 못하는 '사회적 보호장치'

제4장

건강 약자들을 위해

제1장

무엇이
건강을
위협하는가?

의사들은
왜 파업을 할까?

"시민의 발을 볼모로" 하는 '합법적' 파업

"이 가뭄에 웬 파업?", "월드컵 앞두고 웬 파업?", "지진에 웬 파업?" 노동자들이 파업을 할 때마다 보수언론들이 뽑아내는 기사 제목이다. 한국에서 노동자가 파업해도 괜찮은 날을 찾기란 '손 없는 날'로 이사 날 정하기보다 백배 더 어렵다. 날씨와 자연재해, 국제 행사를 세심하게 고려해야 한다. 경제가 호황이면 찬물을 끼얹을까봐, 불황일 때는 경기를 악화시킬까봐 조심해야 한다. 헌법에는 노동자의 단체행동권이 명시되어 있지만, 아무리 '합법적' 파업을 해도 "시민의 발을 볼모로" 따위의 꾸지람을 들어야 한다.

사용자 측의 회유와 협박, 폭력적 진압, 손해배상 가압류 조치도 드물지 않다. 파업으로도 안 되면 노동자들은 고공 철탑에 올라가고 단식이나 삼보일배를 한다. 그렇게 해도 기업주나 책임 있는 관료, 유력한 정치인이 나서서 이야기를 들어주는 경우는 극히 드물다. 이것이 우리가 알고 있는 '보통의 파업'이다.

2020년 8월 코로나19가 한창일 때 벌어졌던 의사 파업에 대해 "코로나19 시국에 웬 의사 파업?"이라는 말은 하고 싶지 않았다. '노동조합 및 노동관계조정법'상의 파업에 해당하는지 따져묻지도 않았다. 진료 거부든 파업이든, 당면한 문제를 해결하기 위한 단체행동 자체를 반대할 이유는 없다. 하지만 병원 경영진이 파업 참가자들을 두둔하고, 파업이 시작되자마자 여당과 야당의 대표들을 만나고, 담당 부처의 관료들은 물론 국무총리까지 나서서 대화에 노력하는 모습에는 고개를 갸우뚱하지 않을 수 없었다. 원래 이렇게 다들 따뜻한 분들이었나?

정부와 국회가 나서서 '정책 추진을 일단 중단하겠다'고, '의사들이 문제 삼고 있는 부분은 사실과 다르다'고 수차례 해명과 근거자료를 제시했지만, 파업 당사자들은 요지부동이었다. 단호한 투쟁 의지가 진심이라는 점은 충분히 알 수 있었다. 그러나 대체 왜 그렇게 단호한 것인지는 그 이유를 도저히 알 수 없었다.

당시 의사들의 파업에서 무엇보다 두드러진 점은 엄청난 동류의식이었다. 병원의 경영진, 의과대학 교수, 전임의, 전공의와 수련의, 학생들, 개업 의사, 봉직의 등의 이해관계는 사실 매우 다르다. 그럼에도 '의사'라는 이유 하나만으로 함께 움직였다. 학창 시절 우리 단과대학 구호가 '단결의대'였던 것을 생각하면 격세지감이다. 어찌나 단결이 안 되는지 제발 단결 좀 해보자는 열망이 담긴 구호였는데 말이다.

코로나19 진료 현장과는 거리가 멀었던 의대생마저 '덕분에' 따위로 의사를 희롱하지 말라며 캠페인을 벌이고 국가고시 거부와 동맹휴학이라는 집단행동에 나섰다. 교수는 근무지를 이탈한 '우리 후배들'을 감쌌고, 동맹휴학을 선언한 '우리 제자들'에게 조금이라도 불이익이 생기면 가만히 있지 않겠다고 선언했다.

그리고 4년이 지나 2024년에는 '의사 집단행동'이다. 법률에 근거한 합법적 쟁의 절차를 따른 것도 아니고, 전공의들의 집단 사직이나 의대생들의 동맹휴업조차 정부의 행정명령에 가로막히면서, 모호한 '집단행동'이라는 용어로 명명되었다. 이번에도 역시 핵심 이슈는 의사의 숫자를 늘리는 것이다. 의료계는 정부가 발표한 의료개혁안에 반대하며 필수 의료 붕괴에 대한 우려, 의료의 질 하락 같은 이런저런 명분을 내세웠다.

하지만 의대 증원 내용이 포함되지 않았더라면 이렇게까지 강경하게 맞서지는 않았을 것이다. 교수들도 제자와 후배들에게 불이익이 초래되면 가만히 있지 않겠다며 집단 사직 의사를 표명했다. 전공의 인력에 의존해왔던 대형 수련병원들은 진료 실적이 줄어들면서 경영 위기에 빠졌고, 다른 노동자들은 고용 위기와 임금 체불을 우려하고 있는 상황이다. 무엇보다도, 대형병원을 이용하던 중증 환자들이 고통받고 있다.

건강보장 확대에 맞선 캐나다 의사들의 파업

의과대학에 잠깐 교원으로 근무하던 시절, 약대가 6년제로 전환되는 것에 반대해 전국 의대생들이 동맹휴업을 벌인 적이 있었다. 당장 이틀 뒤에 내가 맡은 과목의 시험이 예정되어 있었는데, 학생 대표가 찾아와 시험 연기를 부탁했다. '약대가 6년

제 되는 것이 의대생과 무슨 관련이 있기에 투쟁을 하느냐'고 물었다. "약사들이 지금도 의사 행세를 하는데 6년제가 되면 불법 진료를 더 많이 하게 될 것이 뻔하기 때문에 막아야 한다"는 대답이 돌아왔다. 무슨 소리인가 싶었지만 학생총회를 거쳐 결정한 사항이라니 별다른 토를 달지는 않았다. 다만 '투쟁'이라면 시험을 '거부'해야지 '연기'해달라는 건 좀 이상한 것 아니냐고 물었다. 그랬더니 다른 과목 교수들은 다 미루어주기로 했다면서 덧붙였다. "교수님도 의사시잖아요."

의사와 의대생 13만 명이 나만 빼놓고 모여서 도원결의를 맺기라도 한 것일까? 아니면 의대 입학식 날 팔뚝 안쪽에 '의사!' 인장 찍어준 것을 내가 놓치기라도? 도무지 이해할 수 없었다. 분명한 것은 '의료 자유주의medical liberalism'라는 이데올로기를 빼놓고는 이 현상이 설명되지 않는다는 것이다.

의료 자유주의는 환자의 자유로운 의사 선택을 보장하고, 의사의 개별적인 임상 판단에 국가가 개입하지 않아야 한다는 이념이다. 이에 따르면 보건의료는 여타의 상품·서비스와 마찬가지로 시장에서 제공되며, 의사들은 제약 없이 스스로 진료비를 정할 수 있어야 한다. 주로 개원 의사들이 의료서비스를 제공하던 19세기 유럽과 북미에서 형성된 의료 자유주의는

20세기를 지나며 도전을 맞는다. 보건의료가 상품이 아니라 '공공선public good'이자 시민의 권리라는 인식이 높아지면서, 집합적으로 재원을 조달하고 의료서비스를 제공하는 복지국가가 출현한 것이다.

충돌은 필연적이었다. 서구 복지국가의 황금기라 일컬어진 1960년대 유럽과 북미에서, 의료보장 확대나 보건의료 개혁 조치에 반대하는 의사 파업이 수차례 일어났다. 면허 관리, 전문가적 표준에 미달하는 구성원 제재 등에 주력했던 '전문가 자율 기구' 성격의 의사 단체들이 노동조합 같은 형태로 조직을 바꾼 것도 이런 맥락에 닿아 있다.

충돌의 가장 유명한 사례는 1962년 캐나다 서스캐처원주에서 일어난 의사들의 파업일 테다.[1] 제2차 세계대전 이전까지 캐나다는 미국과 마찬가지로 공적인 건강보장 체계가 존재하지 않았다. 대초원 지역 중 하나인 중부 내륙의 서스캐처원주는 경제발전이 뒤처지고 드넓은 농촌 지역에 인구도 적었다. 시장을 통한 의료서비스 제공 자체가 원활치 않아, 주민들은 의료 이용에 많은 어려움을 겪었다. 하지만 서스캐처원주에서는 북미 대륙을 통틀어 사회민주주의 정부가 처음으로 집권했다. 그리고 캐나다인들이 자랑스러워하는 보편적 건강보장제도 '메디케어Medicare'가 바로 이곳에서 탄생했다.

1944년 주지사로 당선된 토미 더글러스Tommy Douglas는 1947년 서스캐처원주에 보편적 병원 보험을 도입했다. 당시 캐나다 병원들은 대부분 비영리 종교 단체 소속으로 재정 문제를 겪고 있었다. 안정적인 정부지원금이 절실했다. 의사들도 심각한 진료비 체납 문제에 골머리를 썩고 있던 차라 공공보험 도입에 우호적이었다.

서스캐처원주에서 병원 보험이 성공하면서 다른 주들도 비슷한 제도를 도입했다. 연방정부가 움직이면서 1957년에는 '전 국민 병원 보험법'이 통과되었다. 오늘날 '메디케어의 아버지'로 불리는 토미 더글러스는 여기서 멈추지 않았다. 외래진료비까지 모두 포함하는 포괄적인 건강보험제도를 만들고자 했다. 그는 의사 집단의 협력을 받기 위해 1960년 4월, 주 의사협회 대표자들을 포함하는 '메디케어 자문위원회'를 구성하고 합의안을 도출해달라고 요청했다.

그러나 주 의사협회는 자문위원회 내부에서 지연 전략을 구사하며 정부의 '직접적' 보험 제공이 아니라 민간보험에 보조금을 지원하는 형태로 가야 한다고 주장했다. 협상이 이어지면서 1961년 9월, 의사들의 '행위별 수가제' 요구를 수용한 보고서가 제출되고, 10월에 마침내 의사 진료비까지 포함하는 서스캐처원주 '의료보험법Medical Care Act'이 통과되었다. 그러나 충돌이 회의실 안에서만 일어났던 것은 아니다.

주 의사협회는 이 기간 동안 치러진 1960년 주의회 선거에서 '메디케어 확대 저지'를 슬로건으로 내걸고 총력전을 벌였다. 서스캐처원주는 말 그대로 '북미 대륙 전체의 전쟁터'가 되었다. 주 의사협회는 메디케어 확대 저지 운동을 위해 의사 1인당 100달러의 후원금을 걷었고 캐나다 의사협회의 후원도 받았다. 온타리오 의사협회는 당시 저명한 '홍보의 대가'를 3주 동안 파견해 투쟁을 도왔다. '사회주의 의료'가 미국으로 전파될 것을 우려한 미국 의사협회도 지원을 아끼지 않았다. 이들이 1960년에 지출한 메디케어 확대 저지 운동 자금 9만 5,000달러는 당시 메디케어를 추진하던 캐나다 여당CCF과 야당인 자유당의 선거 자금보다 많은 금액이었다.

의사 면허는 신분증이 아니다

캐나다 의사들은 건강보장제도 도입을 오랫동안 저지해온 미국 의사협회의 노하우도 전수받았다. 신망받는 의사들을 키맨

key man으로 두고 10명 단위로 소모임을 관리하며 이탈자를 방지했다. 의사와 시민들에게 배포할 홍보물과 키트도 제작했는데, 핵심은 메디케어가 '의료 사회주의'라는 것이었다. 홍보물에는, 메디케어가 확대되면 주민들의 의사 선택권이 박탈당하고, 정부가 강제로 낙태 수술을 하며, 의사들이 모두 서스캐처원주를 떠나 실력 없는 의사들로 채워질 것이라는 터무니없는 내용도 담겨 있었다.

이런 노력을 했는데도 1960년 주의회 선거에서 사민주의자들이 과반 의석을 차지했다. 정부는 이 결과를 '주민들의 메디케어 지지'로 해석하며 정책 추진에 박차를 가했다. 의사 측은 자신들의 의견이 충분히 반영되지 않았다며 불만을 제기했다. 주정부는 제한된 조건에서 의사들이 주도하는 민간 의료보험을 허용하고, 메디케어 바깥에서 환자에게 직접 청구하는 것도 허용하겠다는 양보안을 제시했다. 하지만 의사들은 정부 양보안이 법안을 '근본적으로 바꾸는 것은 아니'라고 거부하며 자신들의 최종안을 제시했다. 정부가 민간보험에 보조금을 지급하고, 의사들은 모든 환자에게 직접 진료비를 청구할 수 있어야 한다는 것이다. 이를 받아들이지 않으면 전면 파업에 들어가겠다고 위협했다.

1962년 5월, 주의 전체 의사 900명 중 약 600명이 참여한 긴급총회 이후 의사들은 실제로 총파업 준비에 들어갔다. 당연히 메디케어 확대를 지지하는 노동조합과 교회, 시민사회 단체도 많았다. 그러나 주지사는 사회적 갈등 격화를 피하기 위해 맞불 시위를 자제해달라고 요청했다. 의사협회는 이런 상황을 두고 '반대 세력이 미미하다'고 오판했다. 의료보험법이 발효되는 7월 1일, 의사들은 전면 파업에 나섰다. 응급서비스를 제외한 거의 대부분의 의료서비스가 중단되었다.

서스캐처원주 지역 언론을 제외한 대부분의 국내외 언론들은 의사들의 결정에 우호적이지 않았다. 민주적으로 선출된 정부의 보건의료 개혁 조치에 반대할 권리가 의사들에게 없으며, 파업에 도덕적 정당성이 없다고 비판했다. 메디케어 확대를 지지하는 목소리가 훨씬 컸다. 의사들에게 우호적이었던 세계적인 의학 학술지 『랜싯The Lancet』마저도 의사협회가 '국가 안의 국가처럼 행동하고 있다'며 비판 논설을 냈다. 주정부는 계속 협상과 양보 의사를 밝혔지만 의사들은 받아들이지 않았다.

그러나 7월 11일 의사들의 주장을 옹호하는 대중 집회가 실패로 끝나고, 의사들이 하나둘씩 이탈하면서 파업 동력을 상실해갔다. 주정부는 영국 국립보건서비스NHS 설립에 관여했던 의사이자 노동당 정부 각료였던 스티븐 테일러 경 Sir Steven Tyler을 초빙해 중재를 맡겼다. 의사들의 신망이 높았던 테일러 경의 중재가 성공하면서 7월 23일에 '사스카툰 Saskatoon 협정'이 체결되었다. 23일 만에 파업이 종결된 것이다. 의사들은 메디케어를 보편적으로 적용하는 데 합의했다. 그 대신, 정부는 의사들이 주장해왔던 선택권, 즉 의사들이 메디케어 바깥에서도 진료를 할 수 있도록 허용했다. 행위별 수가제도 유지할 수 있게 했다. 60여 년 전, 지구 반대편에서 일어났던 일이지만 낯설지 않게 느껴진다면 독자의 기분 탓만은 아니다.

'의료 자유주의'가 모든 사회에 보편적이었던 것은 아니다.[2] 예컨대 노르딕 국가, 즉 노르웨이, 덴마크, 스웨덴, 아이슬란드, 핀란드에서는 의료 자유주의의 근간이 되는 '독립적 자영업자 의사와 환자 개인'의 시장적 거래 관계가 처음부터 분명치 않았다. 이를테면 덴마크에서는 1857년에 의사협회가 결성되었는데, 당시 이들은 진료비 상환을 보장해줄 수 있는 '질병기금', 말하자면 건강보험조합 구축에 활동의 우선순위를 두었다. 덴마크 의사들은 장인조합(길드)이 회원에게 의료

서비스를 제공하는 방식의 '조직화된' 의료 체계에 익숙했고, 1886년 장인조합이 해체되자 조직된 소비자의 대안을 찾고자 노력했다. 의사들은 지역에서 질병기금을 설립하는 데 주도적 역할을 했고, 이런 활동은 특히 농촌 지역에서 두드러졌다. 이렇다 할 정부 개입이 없어도 '집합적 자발성collective voluntarism'에 따라 보건의료 체계를 조직한 것이다.

또한 노르웨이, 핀란드, 스웨덴 같은 나라들은 인구가 흩어져 있고 낙후된 농촌 지역이 많아 의료 '시장'이 형성되기 어려웠다. 국가가 나서서 공공병원, 군대, 교도소, 대학, 지방정부 등에 의사를 고용하는 것이 중요했고, 이곳 의사들은 국가 공무원으로서 임금과 연금 인상, 근로환경 개선이 중요한 이슈였다. 지금의 모습이 초창기와 같지는 않지만 이들 국가에서는 현재도 의사들과 공공부문, 국가와의 관계가 더욱 긴밀하다.

의료 자유주의는 지나간 시대의 이념이며, 심지어 역사적으로 보편적인 것도 아니었다. 사회권 확대와 복지국가의 성장은 모두를 보건의료의 이해 당사자로 만들었다. 의사들은 이를 받아들여야 한다. 의사 개인은 공공재가 아니다. 그러나 보건의료는 분명히 공공재다. 어떤 방식으로든 '사회적' 통제는 불가피하다. 의료 자유주의의 근간이 되는 면허의 독점 또한 국가가 보장해주기에 가능하다. 의사 면허는 고귀한 혈통의 신분증이 아니라 사회와의 계약서다.

독점적 지위와 책무성이라는 사회계약

2024년 윤석열 정부가 발표했던 의사 증원 방식과 의료개혁안에 대해서는 의사뿐만이 아니라 보건정책 전문가와 시민사회에서도 일찌감치 비판의 소리가 높았다. 이런 중요한 문제의 당사자는 의사만이 아니기에, 다른 보건의료 종사자들, 전문가들, 무엇보다 시민들과 함께 머리를 맞댔어야 했다. 의사들 역시 더 나은 보건의료와 공공성 강화를 원한다면, 정부와 싸우더라도 혼자가 아니라 다른 이들과 '함께' 싸웠어야 했다. 그런데 의사들은 그렇게 하지 않았다.

보건의료 종사자의 노동환경과 처우 개선은 시민들에게도 편익으로 돌아온다. 2013년 '보건의료 부문의 근로시간 형태와 그 영향'이라는 연구에 참여했던 대형병원 전공의들은 인터뷰 중에도 계속 휴대전화 알람을 확인하며 이야기를 이어갔다. "한 달의 수명을 깎아먹는 것 같은 당직을 서고 그다음 날 일을 하다 보면 판단이 느려져요. 판단이 늦고 좀 멍하니까 말귀를 못 알아듣고 뭔가 동작이 느리다는 것을 본인이 느껴요."

"항암제의 종류랑 양이랑 체중이랑 다 계산해서 넣어야 하는데 피곤하면 틀릴 수밖에 없거든요. 간호사들이 체크를 해서 다시 알려주거나 양이 잘못 들어가는 경우도 꽤 있고⋯⋯."

주당 80시간이라는 살인적 근무시간을 줄이고 노동환경을 개선하는 것은 전공의들은 물론 환자와 그 가족, 다른 보건의료 종사자들에게도 좋은 일이다. 연봉 4억 원을 받는다고 비난받지만, 사회적·문화적 인프라가 취약하고 시설 장비와 지원 인력, '생태계'가 제대로 갖춰지지 않은 지방도시 병원에서 의사 혼자 할 수 있는 일은 별로 없다. 그렇기에 '지역의사 양성으로 어떻게 지역 불평등을 완화할 것인지'는, 보건의료 체계 내부는 물론 의료 체계 바깥까지 포괄하는 폭넓은 시야로 논의되어야 한다.

1957년 캐나다 서스캐처원주 의사 파업이 진행되는 동안, 메디케어를 지지하는 시민들과 소수의 의사들이 힘을 합쳐 지역사회 클리닉을 열고 환자들에게 보건의료 서비스를 제공했다. 이는 오늘날 캐나다에서 취약계층에게 일차 의료 중심의 통합적 보건복지 서비스를 제공하는 지역건강센터로 발전했다. 이곳의 의사들은 혼자가 아니라 간호사, 영양사, 물리치료

사 등으로 구성된 팀과 함께 일한다. 지역건강센터에 소속된 의사들의 급여는 일반 개원의와 비슷하다. 혼자 일하며 한정된 서비스만 제공 가능한 개인 클리닉에 비해 할 수 있는 일이 많기 때문에 성취감도 비교적 높은 편이다. 그래서 젊은 의사를 구하는 것이 전혀 어렵지 않다고 한다. 지역사회의 필요와 의료 전문가들의 개인적 성취와 보상을 조화시키는 것이 결코 불가능한 일은 아니다.

'캐나다 의사 명예의 전당'에 오른 필립 버거Philip Burger 박사를 인터뷰한 적이 있었다. 그는 캐나다 메디케어와 공공보건의료의 강력한 옹호자로 유명한데, 2012년에는 '난민 돌봄을 위한 캐나다 의사 모임'을 설립하고, 난민 보건의료 예산 삭감에 반대하는 전국 의사 집회를 조직하기도 했다. 이런 '정치적' 활동이 어떻게 가능했냐는 질문에 조금은 낯선 답변이 돌아왔다. "캐나다 병원은 공적으로 운영되기 때문에 개별 의사들에게 수익 압박을 가하지 않고, 의사들도 신분이 보장되기 때문에 정치적 자유를 향유할 수 있다"는 것이다. 보건의료 체계의 공공성이야말로, 보건의료 전문가에게 경제적 안정과 전문가적 자율성, 정치적 자유를 보장해줄 수 있지 않을까?

큰 힘에는 큰 책임이 따른다. 독점적 지위를 사회적으로 인정받았다면 책무성이라는 사회계약에 더 충실해야 한다. 자기 자신을 민주사회의 구성원으로 인식한다면 동료 시민에 대한 존중과 연대의 마음으로 '함께' 보건의료 개혁에 나서야 한다. 도원결의에 미처 참석하지 못했던 의사가 아니라, 환자 가족을 둔 시민으로서 드리는 말씀이다.

선별검사가
건강을 위협한다

건강검진은 '남들도 다 받는' 필수템인가?

하루는 부모님 댁에 갔더니 두꺼운 파일 뭉치를 내놓으면서
이게 다 뭔지 설명 좀 해달라신다. 국민건강보험공단에서 실
시하는 정기검진에 돈을 보태 모처럼 종합건강검진을 받으셨
다는 것이다. 파일 뭉치는 그 결과표였다. 아무리 장롱면허라
지만 그래도 딸이 의사인데 물어보지도 않고 어머니 마음대
로? 검진 기관 주소를 보니 심지어 가깝지도 않네? 혼자 여기
를 어떻게 가신 거야? 알고 보니 건강검진센터에서 미니버스

를 보내주어 동네 어르신들이 같이 다녀오셨단다. 뭔가 더욱 찜찜한데? 아니나 다를까 파일을 펼쳐 결과지를 넘기다 보니 아드레날린이 서서히 상승했다. 이것들이 노인네한테 무슨 짓을 한 거야?

어머니는 동네 단골 의원에서 고혈압 약을 처방받아 복용하면서 주기적으로 심혈관 질환 위험 요인들을 체크하고 있었다. 이전 해에는 담석 때문에 대학병원에 입원해서 담낭절제술을 시행하고 상태가 안정된 뒤 소화기계 내시경 검사와 평소 어지럼증의 원인을 찾기 위한 머리 CT 촬영도 했다. 이때도 단골 가정의학과 선생님이 황급히 입원을 시켰기에 망정이지, 조금만 더 늦었으면 패혈증 때문에 큰일 날 뻔했다.

어쨌든 그렇기 때문에 최소한 일정 기간은 따로 건강검진을 받을 필요가 없는 상황이었다. 그런데도 건강검진센터에서는 기본 항목에 더해 임상적 타당성이 입증되지 않은 온갖 검사를 시행하고, 깨알 같은 숫자들, 정상·비정상 표식이 즐비한 표와 그래프 수십 장의 결과지를 내준 것이다. 건강검진센터 상담 의사는 '별 문제 없지만 고지혈증을 좀 조심하셔야겠다'고 했단다. 쓸데없는 데 돈 썼다고 말했더니, 어머니는 남들도 다 받는데 혹시 큰 병 놓칠까봐 그러셨단다. 미리 챙기지

못한 내가 불효녀였다.

그렇다. 건강검진은 '남들도 다 받는' 필수템이다. 시민단체 젊은 활동가들이 원하는 복지 서비스 목록에도, 대기업과 힘깨나 쓰는 노동조합의 단체협약 문서에도 건강검진은 빠지지 않는다. 유명 건강검진센터의 '프리미엄' 건강검진은 그야말로 프리미엄급 효도의 상징이다. 사정이 이러하니 보건복지부뿐만 아니라 온갖 정부 부처와 지자체, 각종 민간 조직이 실로 다양한 건강검진 프로그램을 운영하기도 한다. 우리가 평균수명까지 살게 된다면, 최소한 30여 회의 건강검진을 받게 되는데 국가가 법으로 정한 것만 이 정도다. 개인이 자발적으로 받는 '종합건강검진' 혹은 특수집단을 위해 별도로 시행되는 이벤트나 사업까지 포함하면 그 숫자는 훨씬 커진다.

'인간 도크' 문화

우리에게는 익숙하지만, 세계적으로 이렇게 촘촘한 건강검진 체계를 둔 나라는 찾아보기 어렵다. 한국 사회가 금과옥조로 떠받드는 미국만 해도 영유아의 선천성 대사성 질환 선별 검사나 일부 암 검진을 제외하면 '국가' 단위의 정기검진 프로그램은 없다. 예컨대 미국 정부가 운영하는 건강정보사이트(healthfinder.gov)에 들어가 성별과 나이를 입력하면 의학적으로 필요한 검사나 상담 목록이 제시되고, 의사your doctor와 상의하라는 설명이 뜬다. 여기에는 혈압 측정 같은 간단한 검사부터 암 검진과 예방접종 같은 필수 항목은 물론 금연이나 가정폭력 상담 권고 같은 폭넓은 내용이 들어 있다.

국립보건서비스 체계를 갖춘 영국도 국가가 정한 필수 선별검사 프로그램(www.gov.uk/phe/screening)이 있지만 항목이나 검사 주기, 대상자 측면에서 한국보다 훨씬 협소하다. 그리고 대개는 주치의의 권고에 따라 건강검진이 이루어지고 이후의 상담과 관리도 당연히 주치의와 함께한다.

아마도 건강검진, '인간 도크dock'의 원조인 일본 정도가 우리와 비교할 수 있는 국가일 것이다. '휴먼 도크' 혹은 '인간 도크'라는 용어는 1954년 『요미우리신문讀賣新聞』이 당시로서는 획기적인 6일짜리 건강검진 프로그램을 소개하면서 처음 사용했다고 알려져 있다. 하지만 그 기원은 1938년으로 거슬러 올라간다. 군국주의가 득세하고 정치 테러가 만연하던 시절, 2명의 일본 유력 정치인은 도쿄대학 내과 클리닉에 입원하면서 심각한 중병에 걸렸다는 루머가 확산되는 것을 막고자 미리 기자회견을 열었다.

이들은 자신의 입원이 '다음 항해에 대비하여 배가 원래의 항구로 들어와 드라이 독dry dock에 들어가서 바닥과 스크루에 손상이 있는지 검사하고, 엔진과 다른 설비들을 유지 보수하며, 선원들에게 휴식을 주는 것'에 비유했다. 이후 정·재계 유명인들에게 인간 도크라는 말이 퍼져나갔다.[3] 인간 도크는 1962년 한국에 수입되어 점차 확산되었다.[4] 그러나 국내에서 건강검진이 하나의 '문화'로 자리 잡고 '산업'으로 성장할 수 있었던 데에는 무엇보다 국가의 역할이 중요했다.

정부는 의료비 팽창에 대한 우려와 의료비 절감의 필요성을 충족시키면서 동시에 군인 건강검진처럼 제도의 정당화를 위해, 또는 노동자 건강검진이나 저소득층 건강검진처럼 정치적 갈등을 완화하기 위해 이를 활용했다. 국내에서 종합건강검진의 인기가 좋다고는 하지만, 여전히 대부분 검진 기관들은 국가 건강검진 프로그램에 추가 검사를 덧붙이는 방식으로 운영한다. 건강검진 서비스의 공급 증가는 국가 건강검진 프로그램의 존재를 빼놓고는 상상할 수 없다.[5]

선별검사로 유병자를 가려낼 수 있을까?

건강검진은 증상이 없는 사람을 대상으로 질병에 걸렸거나 혹은 질병이 발생할 위험이 높은지 미리 확인하는 의학적 검사를 말한다. 집단을 대상으로 할 때는 고위험군이나 유병자를 '가려낸다'는 의미로 '선별검사'라고 부른다. 병이 깊어지기 전에 미리 발견해서 치료를 할 수 있으니 가급적 자주, 가급적 많은 항목으로 검진을 받으면 좋을 것 같은데, 왜 다른 선진국들에서는 이렇게 하지 않는 것일까?

건강검진과 선별검사에는 장점만 있는 게 아니기 때문이다. 어떤 의학적 검사도 100퍼센트 정확한 것은 없다. 우선 모든 검사에는 '위양성偽陽性(거짓 양성)'이 존재한다. 실제로는 병이 없지만 검사에서 문제가 있다고 나오는 것이다. 드문 질병일수록 위양성 비율은 높아진다. 이 때문에 멀쩡한 사람이 치료를 받기도 하고, 확진을 위해 추가 검사를 받기도 한다. 재검사나 확진 검사에서 정상이라고 나오면 다행이지만 여전히 마음은 불안하고 비용을 추가 지출하게 된다.

'위음성偽陰性(거짓 음성)'도 문제다. 실제로 질병에 걸렸지만 검사에서는 문제가 없다고 나오는 것이다. 질병이 매우 초기

단계이거나 현대 의학 기술의 한계 때문에, 때로는 진단 기술이나 판독의 미숙함 때문에 이런 일이 벌어지기도 한다. 이유가 무엇이든, 환자 처지에서는 검진 결과 괜찮다고 했는데 얼마 있다가 큰 병을 진단받으면 이것만큼 황당하고 억울한 일이 없다.

또한 검사 자체가 주는 위해危害도 있다. 예컨대 대장암 진단에 분변검사보다는 대장 내시경의 정확도가 월등하게 높지만 무작정 대장 내시경부터 하지 않는 이유는 1,000건 중 1~3회의 빈도로 장 천공穿孔이 발생할 수 있기 때문이다. 무엇보다 중요한 것은 검진 이후다. 건강검진을 통해 어떤 문제가 확인되면 무언가 조치를 취해야 한다. 금연이나 운동처럼 생활습관을 바꾸거나, 고혈압 약 복용, 혹은 운 좋게 조기 암의 수술적 완치가 이루어질 수도 있다. 그러나 때로는 태아의 유전적 이상, 가족적 치매 유전자 변이처럼 어려운 결정을 내려야 하거나 결과를 알아도 대처할 방법이 마땅치 않은 경우도 있다.

그렇기 때문에 제프리 로즈Geoffrey Rose 같은 영국의 저명한 역학자는 선별검사 이후의 상담과 장기적 돌봄에 필요한 적절한 자원과 체계가 구비되지 않으면 선별검사를 해서는 안된다고까지 주장했다. 한국의 상황은 어떤가? 어머니가 그랬던 것처럼, 처음 만난 의사에게 간단한 문진을 받고, 온갖 검사 항목을 모조리 긁어서 결과가 나오면, 다시는 만날 일 없는 의사가 이런저런 설명을 하고 추가 검사나 생활습관에 대해 조언해준다. 평소 어머니를 돌보던 단골 의사 선생님은 이 과정에서 아무런 역할을 하지 못했고, 어머니도 도움받을 기회를 얻지 못했다.

유전자 검사로 질병 예측 가능성은 낮다

상황이 이러한데도 정부는 또 다른 '검사'를 들고 나왔다. 2019년 산업통상자원부는 '규제 샌드박스'의 일환으로 소비자 직접 의뢰Direct To Consumer, DTC 유전자 검사를 확대하겠다고 발표했다. 이미 정부는 2016년 6월부터 콜레스테롤·혈당 등 12개 항목의 46개 유전자에 대해 DTC 유전자 검사를 허용했다. 그나마 질병과 관련한 항목은 제외되어 있었는데 '실증' 명목으로 관상동맥 질환, 고혈압 등 13개 질환에 대해서 비의료기관이 DTC 유전자 검사를 할 수 있도록 한 것이다. 그동안 유전자 검사를 못해서 질병 예방 기회를 놓치기라도 한 것처럼 안달이지만, 이는 전혀 사실이 아니다.

극히 일부 질환을 제외하고 대부분의 질병이 여러 유전자
와 환경의 상호작용에 의해 발생하기 때문에 유전자 검사를
통한 질병 예측 가능성은 매우 낮다. 100퍼센트 예측하지는
못해도 고혈압 위험성이 높다는 걸 아는 것만으로도 도움이
되지 않겠냐는 반론도 있다. 하지만 30세 이상 인구의 30퍼센
트가 고혈압 환자이고, 고혈압 위험 요인은 당뇨병·심장병·
암 등 여러 만성질환과 중첩된다. 돈이 남아돈다면 모를까 굳
이 고혈압 위험이 높은지 알기 위해 유전자 검사까지 해야 할
지 의문이다. 게다가 유전자 검사는 결과 해석에 상당한 논란
이 있다.

미국의 한 연구팀은 자신들이 기존 DTC 유전자 검사 결과
를 재검토한 결과 '위양성'이 40퍼센트에 달했고, '고위험'으로
분류된 유전자 변이 중 일부는 '양성benign'이거나 일반 인구집
단에서도 흔한 변이였음을 보고하기도 했다.[6] 무엇보다 심각
한 문제는, 결과 해석에 고도의 전문성이 필요하며 때로는 어
려운 윤리적 결정이 수반되어야 하는 민감한 검사이지만, 이
것이 의료기관을 벗어나 '쉽게 소비'될 수 있다는 점이다. 기존
'묻지 마 건강검진'의 문제점을 집대성한 결정판인 셈이었다.

산업계는 질병 확진이 아니라 참고 자료로만 활용하면 문

제가 없다거나 의료기관에서 검사하는 것에 비해 비용이 훨씬 저렴하다고 주장했다. 미국과 일본은 DTC 유전자 검사가 이미 자유롭지만 아무 문제가 없다는 이야기도 빼놓지 않았다. 하지만 일본 인류유전학회人類遺傳學會는 이러한 검사의 과학적 타당성이 거의 없음에도 과대 홍보되고 있는 점, 검사 업체들의 개인정보 보호 관리 규정이 미흡한 점을 지적하며 좀더 강력한 규제를 요구했다. 특히 '미래의 자유의사 보호'라는 측면에서 미성년자에 대한 유전자 검사를 엄격히 제한해야 한다는 점도 분명히 했다.[7]

미국 유전학회도 성명서를 통해, 시민들에게 유전자 검사의 한계점을 분명하게 알려야 하며, 검사 항목의 선택과 결과 해석 과정에 훈련된 유전학 전문가가 반드시 개입해야 한다고 촉구했다. 특히 2018년 미국 식품의약국FDA이 유방암 관련 BRCABrest Cancer susceptility 유전자의 DTC 검사를 승인하자, 학회는 심각한 우려와 함께 소비자들에게 주의를 당부하는 성명을 긴급 발표하기도 했다.[8]

미국이나 일본에 문제가 없는 것이 아니라, 한국과 마찬가지로 전문가들의 우려에도 '소비자 요구(를 빙자한 기업의 요구)'를 들어 발 빠르게 규제 완화를 진행하고 있을 뿐이었다. 보건복지부는 산업통상자원부와 달리 질병이 아닌 '웰니스wellness' 중심이라며 칼륨 농도, 와인 선호도, 새치, 탈모, 기미·주근깨 등 57개 항목에 대해 DTC 유전자 검사를 허용하겠다고 밝혔다. 공짜라면 재미 삼아 한번 해볼 만은 하겠다.

한국 사회에서 DTC 유전자 검사를 도입해야 할 이유는 한 가지뿐이다. 관련 기업들의 이윤 증대가 그것이다. 그리고 이는 국민들의 낭비적 지출, 건강과 윤리 문제를 둘러싼 사회적 비용의 증대를 의미한다. 인구 고령화 때문에 국민 의료비 상승이 걱정이라며 호들갑을 떨더니, 왜 이런 바보 같은 짓을 하는지 알다가도 모를 일이다. 지금 우리 사회에 절실한 것은 더 촘촘하고 완벽한 건강검진, 자유롭게 이용할 수 있는 유전자 검사가 아니다. 합리적이고 안전한 선택, 효과적인 건강관리를 도와줄 수 있는 단골 의사, 주치의 제도나 얼른 도입하란 말이다.

가난의 자격을
묻지 마라

납세자와 세금 안 내는 수급자

"20년 전 혹은 30년 전만 해도 가난은 불의의 산물이었다. 좌파는 그것을 고발했고 중도파는 인정했으며 우파는 아주 드물게 부정했다. 세월은 너무도 짧은 시간에 많은 것을 바꾸어놓았다. 지금 가난은 무능력에 대한 정당한 벌이다. 가난한 자에겐 연민이 일어나지만 더이상 가난이 의분을 유발하지 않는다." 작가이자 사회비평가 에두아르도 갈레아노Eduardo Galeano의 말이다.[9] 더 나아가 사회학 교수인 에드워드 로이스

Edward Royce는 "사람들이 느끼는 진짜 문제는 가난이 아니라 가난한 사람들"이라고 지적했다.[10]

가난을 인정할 만한 것과 그렇지 않은 것으로 구분하기 시작한 것은 인류 역사에서 비교적 최근의 일이다. 소수의 상류층, 이를테면 양반이나 귀족을 제외하면 대부분의 사람들이 항상 궁핍한 생활을 했기에, 굳이 가난에 도덕성을 결부시키고 도움받을 만한 자격이 있는지 애써 판별할 이유가 없었다. 물질적 풍요가 확대되고 누구나 노력하면 잘살 수 있다는 계층 상승의 신화가 퍼져나가면서 가난은 연민을 자아내던 상태에서 눈살을 찌푸리게 하는 '문제'로 변했다.

이를테면 미국에서 가난과 사회적 배제 때문에 초래된 절망과 대응 행동을 설명하기 위해 제기된 '빈곤 문화' 개념은 1970년대를 지나며 빈곤의 결과가 아닌 빈곤의 원인으로 둔갑했다. 빈곤에 빠질 법한 문화와 생활양식을 가지고 있으니 빈곤해지고, 그러므로 이들의 생활 태도와 해이한 도덕 기강을 바로잡는 것이 과제가 되었다.

철거 지역 가난한 이들의 삶을 오랫동안 연구했던 조은 교수는 『사당동 더하기 25』에서 "가난함의 경험은 그 가난을 실제로 경험한 사람들에게는 생존의 문제지만, 경험하지 않은 사람들에게는 생활양식"으로 이해된다는 점을 지적한 바 있다.[11] 신자유주의가 팽배한 사회에서 이제 가난은 부정수급, 복지 먹튀, 무임승차, 도덕적 해이라는 부정적 단어와 함께 움직인다.

진보 진영의 현자賢者로 추앙받는 유시민은 참여정부 보건복지부 장관 시절 '파스 1만 3,000매' 선동을 통해 의료급여 환자들에게 지울 수 없는 낙인을 찍었다. 그는 2006년 10월 '국민보고서'라는 이름의 공개 반성문을 발표했다. 여기에는 의료급여 제도를 제대로 관리하지 못해 의료비가 폭등한 결과에 대한 반성과 이를 바로잡기 위한 개혁 대책이 담겨 있었다.

그가 진단한 의료급여 진료비 급증의 주된 원인은 수급자들의 '도덕적 해이', 즉 공짜라는 이유로 의료를 남용하는 것이었다. 하루에 병원 수십 군데를 전전하며 중복 처방전을 발급받아 연간 파스 1만 3,000매를 구입한 의료급여 환자 사례가 그 증거였다. 이러한 진단의 논리적 귀결은 이들의 의료 이용을 다양한 방식으로 제한해 재정을 절감하는 것이다. 그는 의료급여 수급자들이 세금도 내지 않으면서 공짜로 혜택을 받고 있으니 어느 정도의 차별과 규제는 당연한 것이라고 이야기했다.[12]

그러나 의료급여 지출 증가는 인구 고령화와 대상자 증가에 따른 자연스러운 결과다. 유시민이 소개한 극단적 사례들은 이용자보다는 공급자의 과다한 의료 제공과 부당 청구 탓이 더 컸다. 행위별 수가제라는 진료비 상환 방식과 의료 전달 체계의 부실함은 이를 가능케 한 구조적 요인이었다. 정부가 반성해야 할 지점은 시스템을 제대로 운용하지 못했다는 사실이었다. 그런데 보건복지부 장관이 직접 나서서 문제의 책임을 의료급여 수급자에게 돌리고, 심지어 '납세자' 대 '세금도 안 내는 수급자'를 구분하며 차별이 당연한 게 아니냐고 주장했다. 한국의 건강권과 사회정책 역사에 길이길이 남겨둘 만한 흑역사의 한 장면이었다.

'일을 충분히 할 수 있는 상태'는 어떻게 판정하는가?

가난의 자격, 즉 도움받을 자격에 집중하다 보면 빈곤을 낳는 구조적 문제나 사회 불평등 문제는 사라져버리고 복지 의존을 어떻게 하면 줄일 것인가 하는 주제로 논의가 흘러간다. 그 결과는 부정수급에 대한 더 촘촘한 감시, 좀더 세분화된 복잡한 자격 기준이다. 이는 사회보장제도에 대한 시민 서로 간의 불신, 엄밀한 구분을 위한 행정 비용, 가난한 사람들이 감내해야 할 부정적 고정관념과 삶의 고통으로 이어진다.

버스 운전기사였던 최인기는 대동맥류 진단을 받고 2005년과 2008년 두 차례 인공혈관 교체 수술을 받았다. 그는 이후 근로 능력이 없는 기초생활수급자가 되어 생계급여와 의료급여를 지원받았다. 그러나 2013년 국민연금공단이 그에게 근로 능력이 있다고 판정을 내리면서 그는 '조건부' 수급자가 되었다. 생계비가 무려 60퍼센트나 깎였고, 그나마도 자활自活 조건을 이행해야만 받을 수 있었다. '취업 성공 패키지'에도 등록했지만 몸 상태 때문에 할 수 있는 일이 별로 없었다. 2014년 지인의 도움으로 그나마 덜 힘들 것 같은 아파트 지하주차장 미화원으로 취업했다. 그러나 일을 시작한 지 겨우 3개월 만에 쓰러져 두 달 뒤에 숨졌다.

근로 능력 평가는 원래 지방자치단체가 자체적으로 시행해왔지만, '도덕적 해이'에 대한 우려 때문에 2012년 국민연금공단으로 일원화되었다. 국민연금공단은 그에게 1등급, 즉 '일을 충분히 할 수 있는 상태'라고 판정했다.[13] 아마도 당시 근로 능력 평가에 참여했던 '학식과 경험이 풍부한 전문가'들이라면 대동맥류 수술을 받고도 충분히 자신의 원래 일을 이어나갈 수 있었을 것이다. 주야 맞교대 경비 업무나 지하주차장 청소가 아니라, 책상에 앉아서 글쓰기, 환자 상담하기, 학생 논문 지도하기 같은 일 말이다. 최인기는 아프기 전에도 이런 일을 할 만한 근로 능력이 없었고, 게다가 수술한 이후에는 원래 하던 일을 할 수 있는 근로 능력마저 상실했다.

가난의 경계에 선 사람들

시민단체인 노동건강연대가 주최한 좌담에서 활동가들이 들려준 사연들도 가난의 자격 기준에 의문을 제기한다. 임대아파트에 거주하는 60대 후반 여성 노인은 어려운 형편에도 기초생활수급 신청을 하지 않고 있었다. 절차를 알아보지 않은 것은 아니었다. 다만 주민센터에서 아들의 소득과 재산에 대한 정보제공 동의서를 받아오라고 한 것이 걸림돌이었다. 노인은 서비스센터에서 제품 수리 업무를 하며 힘들게 살아가는 아들에게 피해가 갈까봐, 그리고 말을 꺼내는 것 자체가 미안해서 신청을 포기했다. 그러고 나서 동사무소나 복지관에서 주는 음식으로 끼니를 때우며 병원 진료도 제대로 받지 못하는 삶을 이어갔다.

또 다른 80대 노인은 아들 부부와 함께 살다가 갈등이 생겨 3년째 서울 동자동 쪽방에서 홀로 거주하는 분이었다. 무료 급식소와 다시서기종합지원센터, 동네 교회 등의 도움을 받아가며 어렵게 살고 있었지만, 활동가가 기초생활수급 신청을 하자니까 거절했다. 아들에게 연락이 갈까봐 걱정해서다. 활동가는 아들에게 피해가 없고 '관계 단절 확인서'만 제출하면 된다고 1년 반을 설득한 끝에 신청을 했다. 그런데 할아버지는 수급자에서 탈락했다. 관계 단절 증명에 실패했기 때문이다. 1년에 한 번 정도 아들과 연락했던 것이 통화 기록 조회에서 들통난 것이다.

시민건강연구소의 생계형 건강보험 체납 연구에서 만난 한 비혼모는 '인지청구 소송'에서 승소했다는 이야기를 들려주었다.[14] 이름도 생소한 인지청구 소송은 부모가 혼인 외 출생자를 자신의 자녀로 인지認知하지 않는 경우에 친생자親生子로 인지해줄 것을 법원에 청구하는 소송이다. 아이러니하게도 이 승소가 걸림돌이 되었다. 인지청구 소송에서 승소해 아버지라는 부양의무자의 존재가 확인되었으니, 아이는 기초생활수급자가 될 수 없었다. 아이 아빠가 양육비 지급 명령을 이행하지 않아 경제적으로 어렵고 건강보험료도 장기 체납한 상황이었지만, 그녀는 아이를 위해 '아빠 없는 아이'라는 오명 대신 경제적 곤란을 선택했다. 이런 것을 선택이라고 불러도 될지 모르겠지만 말이다.

또 다른 활동가는 청년 노동자 인터뷰에서 들은 이야기를 전해주었다. 공장 옆자리 동료가 본명을 안 쓰고 가명으로 일한다는 것이다. 기초생활수급 가정이기 때문이다. 노동 사실이 알려지면 수급 자격을 박탈당하니까 동료에게조차 본명을 알려주지 않았던 것이다.

오늘날 파견노동 시장은 가난의 경계에 선 이들에게 최적화되어 있다. 과거 군사독재정권 시절에 '학출'들은 공장에 들어가려고 위험한 '위장취업'을 감행해야 했지만, 오늘날의 불법 파견노동 시장에서는 이런 수고가 필요 없다. 오늘 일하러 온 파견노동자가 누구인지 묻지도 따지지도 않는다. 공장에는 이들에 대한 관리 책임이 없고, 이들이 다친다고 해도 누군가에게 책임을 묻기 어렵다. 고용 기록이 남아 있지 않고, 산재를 신청하는 순간 기초생활수급권을 빼앗기기 때문에 피해 노동자가 산재를 신청할 가능성도 거의 없다. 동료 노동자와 이름조차 터놓고 이야기할 수도 없는 유령 같은 존재들, 기초생활수급만으로는 살 수 없고 그렇다고 근로소득만으로도 살 수 없는, 어정쩡하게 가난한 노동자들이다.

가난은 상대적 박탈이다

영국의 사회학자 피터 타운젠드Peter Townsend는 20세기 이후 빈곤의 개념이 '생존'에서 '기본적 필요needs'로, 다시 '상대적 박탈'로 변화해왔다고 주장했다. 사람들은 특정한 생활양식을 획득하고 사회 활동에 참여하며, 그들이 속한 사회에서 바람직하다고 인정되는 삶의 조건을 확보하는 데 필요한 자원을 갈망한다. 가난한 사람들이란, 한 사회에서 평균적인 사람들이 없어서는 안 된다고 주장하는 자원에 비해 심각하게 부족한 자원을 가졌기 때문에 정상적인 생활양식, 관습, 사회 활동에서 배제된 이들을 말한다. 21세기 한국 사회에서 가난은 뼈만 앙상하게 남은 아이, 누추한 단칸방에 누워 거동을 못하는 불치병 환자, 쓰러지기 일보 직전의 판잣집이나 벌집 같은 쪽방, 지하보도에서 구걸하는 사람들의 모습만은 아니라는 것이다.

바로 여기에서 '곤란'이 생긴다. '전형적인 불우이웃'이라면, '찢어지게' 가난하다면, 피붙이 하나 없는 '천애 고아'라면, 국가가 나서서 구호하지 않는다고 쓴소리를 내고 후원금을 낼 텐데, 현실의 가난은 그렇지 않은 경우가 훨씬 많다. 가난하다는데 냉장고가 있고 텔레비전이 있고 스마트폰도 있다. 통계청의 가계금융복지조사에 의하면, 2022년 기준 가처분소득이 중위소득 50퍼센트 미만에 해당하는 가구의 비율(상대 빈곤율)은 14.9퍼센트나 된다. 지난 10년 동안 꾸준히 감소하기는 했지만, 일곱 가구 중 한 가구가 빈곤가구에 해당한다는 것이다. 게다가 노인 빈곤율은 경제협력개발기구OECD 회원국 중 압도적으로 높은 40.4퍼센트에 달한다. 일본의 2배 수준이다. 심지어 취업자도 약 10퍼센트는 빈곤 상태에 처해 있다.[15] 이들 중 국가 공인 '가난 자격증'을 획득한 이는 소수에 불과하다. 의료급여 수급자 비율은 수년째 3퍼센트라는 견고한 철옹성을 지키고 있다.

2014년 비극적으로 생을 마감한 서울 송파 세 모녀는 생전에 가난의 '자격'을 얻지 못했다. 근로 능력이 있는 성인 자녀 2명이 있었고, 가장인 어머니가 월 급여 120여만 원을 받으며 주방 일을 하고 있었기 때문이다. 이들은 무너져가는 판잣집이나 단칸 쪽방이 아니라 단독주택 지하층에 월세로 살고 있었다. 빠듯한 형편에도 각종 공과금을 제때 납부하는 성실한 가족이었기에 국가의 빈곤층 '발굴' 레이더망에도 걸리지 않았다.

그러나 굳게 닫힌 현관문 안쪽에서는 위기가 점증하고 있었다. 큰딸은 만성질환 때문에 일을 할 수 없었고, 작은딸은 나중에 밝혀졌지만 프리랜서 만화가로 원고료를 제대로 받지 못했다. 이들은 병원비와 생계비 때문에 카드 대출을 이용했고, 이를 제때 갚지 못한 신용불량자이기도 했다. 이 상황에서 생계 부양자이던 어머니의 팔이 부러졌다. 주방 일을 할 수 없게 되자 당장 생계 곤란이 닥쳤다.

보건복지부 장관이라면 어땠을까? 팔이 부러졌으니 모든 게 불편할 것이다. 세수하고 밥 먹고 옷을 갈아입는 게 불편하고, 두 손으로 빠르게 타이핑하던 원고를 독수리 타법으로 해결해야 하니 불편하고, 휴대전화를 한 손으로 걸고 받는 게 어려우니 불편할 것이다. 하지만 여기까지다. 생계가 막막해서 죽음을 결심한다? 겨우 팔 부러진 것 때문에? 상상도 할 수 없는 일이다. 그렇다. 누군가에게는 사소한 사건이, 이미 버틸 수 있는 한도의 경계에 다다른 이들에게는 결정적 타격이 될 수 있다. 한국 사회는 벼랑에 가까이 와 있다는 것만으로는 가난 자격증을 발행해주지 않는다. 혹시라도 도덕적 해이가 발생할까봐…….

가난하지만 오순도순한 가족, 똘똘 뭉쳐 어려움을 이겨내는 가족이란 이제 '도시 전설'이다. 가난해서 가족을 이루지 못하거나 가난 때문에 흩어지고, 가족이 깨지면서 가난해진다.

그런데도 의료급여 수급자가 되기 위해서는 여전히 '부양의무자'가 없거나, 부양의무자가 부양능력이 없다는 점을 입증해야 한다. 부양의무자 기준 폐지를 공약으로 내세웠던 문재인 정부의 '포용복지국가'에서도 이는 달라지지 않았다. 보건의료 서비스에 대한 접근성 보장은 건강권의 기본 요소이고, 국가는 이를 보호하고 충족시킬 의무가 있다. 기본권의 보장을 가족에게, 이미 취약한 가족공동체에 맡기려는 국가의 모습은 비겁함 말고 표현할 단어가 없다.

종교는 때로
사람의 건강을 해친다

종교는 사회적 약자의 목소리를 대변해왔다

브리태니커 백과사전에 따르면, '종교'는 "신성하고 절대적이며 영적인, 특별한 숭배의 가치가 있다고 여겨지는 그 무엇과 인간 존재가 갖는 관계"다. 대개 삶과 사후 운명에 대한 궁극적 관심과 관련되어 있고, 많은 문화권에서 이는 신 혹은 영혼에 대한 태도와 관계 측면에서 표현된다.[16]

정말 종교가 믿음, 영성, 자기 수양의 실천에 국한된 내면의 신념 체계라면 굳이 이 책에서 다루지 않았을 것이다. 하지만 역사적으로 종교가 개인의 내면에만 머물러 있었던 적은 결코 없었다. 현실에서 종교는 신자들 개개인과 신앙 공동체의 삶의 방식에 영향을 미치고, 또 이를 벗어나 사회에도 커다란 영향을 미쳐왔다. 해방 운동의 동력이든 억압의 구조이든 말이다.

전 세계 인구 84퍼센트가 종교를 가지고 있다. 종교는 이를 믿는 이들만이 아니라 그렇지 않은 대부분 사람들의 삶에도 적지 않은 영향을 미친다는 점에서 중요한 '건강의 사회적 결정 요인'이기도 하다. "사람들이 성장하고 살아가며 일하고 나이 드는 매일의 환경이며, 생활환경을 결정짓는 힘이자 시스템"이라는 '건강의 사회적 결정 요인' 정의에 충분히 부합한다.

지금까지의 연구들은 대개 종교적 참여, 특히 예배 참석이 더 나은 신체적·정신적 건강과 관련 있다고 보고해왔다. 정기적으로 예배에 참석하는 사람이 그렇지 않은 사람에 비해 기대수명이 길고 사망률이 낮으며, 자살이나 우울증 문제도 덜 경험하고 정신건강 수준이 높다는 것이다. 물론 이러한 연관성이 실제 '인과적 효과'인지에 대해서는 아직 근거가 충분하지 않다. 신체적으로나 정신적으로 건강한 사람일수록 규칙적으로 예배에 참석할 가능성이 높기 때문에, 원인과 결과의 방향이 반대일 수도 있다.

이러한 방법론적 문제를 극복한 연구는 드물지만, 어쨌든 건강에 미치는 종교의 긍정적 영향은 충분히 이해할 법하다. 예배 참석이라는 활동을 통해 공동체와 연결되고 사회적 지지를 얻는 일은 꼭 종교적인 것이 아니더라도 건강과 안녕에 도움이 된다. 또한 특정 교리와 관련된 건강 행동 규범이나 관습, 이를테면 담배나 술에 대한 기피, 자살을 금기시하는 태도, 성적 절제, 명상을 통한 심리적 이완 등도 건강에 긍정적 효과를 발휘할 수 있다.

종교의 또 다른 중요한 기여는 지역사회 종교 기관들이 보건의료·돌봄 서비스를 직접 제공하거나 건강 증진 활동이 이루어지는 중요한 공간이라는 점이다. 예컨대 공적 의료보장 체계가 확립되지 않고 인종 간 불평등이 심한 미국 사회에서 흑인 공동체 교회는 무료 진료소나 예방접종 클리닉을 운영해 왔다. 무료 급식을 제공하고, 건강 상담, 건강 증진, 사회복지 연계 활동도 수행해왔다. 한편 가톨릭은 전 세계에서 5,300여 개 병원을 운영하는 국제적으로 매우 큰 보건의료 제공자 중 하나이기도 하다.[17]

그뿐만 아니라 종교는 사회적 약자의 목소리를 대변하면

서 이들의 건강과 생명, 안전의 권리를 옹호하는 데에도 큰 역
할을 해왔다. 국내에서도 서슬 퍼런 군사독재정권 시절, 종교
는 힘없는 노동자와 가난한 이들의 지원군이자 울타리가 되
어주었고, 세월호 참사 현장, 산재 노동자 추모의 현장을 함께
지켜주었다.

반면 종교의 도그마가 인간 존엄과 건강권을 직접 해친 사
례도 적지 않다. 집단 자살이나 테러, 조직적 성 착취 같은 사
이비 종교의 극단적 폐해를 말하는 것이 아니다. 제도화된
'정통 종교'의 이면은 그 자체로 충분히 어둡다. 기아와 전염
병, 헛된 폭력으로 수많은 사람의 목숨을 앗아간 십자군전쟁,
무고한 여성들을 고문하고 죽음에 이르게 한 마녀사냥, 남북
아메리카 선주민先住民 대량 학살의 역사까지 거슬러 올라갈
것도 없다.

종교라는 이름으로 저질러지는 수많은 악행

현대사만 보아도, 누구도 '사이비 종교'라 칭하지 않는 '정통 종
교'들이 행한 생명과 건강에 대한 억압이 적지 않다. 이스라엘
에 의한 팔레스타인 점령과 억압, 중동 지역의 타래를 풀기 어

려운 장기 내전, 미얀마의 로힝야 민족 탄압 등 심각한 인명 피해와 인권침해를 가져온 현대사의 비극적 사건들에는 어김없이 정통 종교가 개입되어 있었다. 사실 사이비 종교는 이 정도 대규모의 체계적 폭력을 행사하기 어렵다.

과거 세계 여러 곳에서 가톨릭 사제들이 저지른 아동 성범죄의 실상도 속속 드러나고 있다. 이들은 대체로 한 부모와 살고 있거나 집안이 가난한 아이들, 교회에 더욱 의존적일 수밖에 없는 어린이들을 범행의 표적으로 삼았다. 사건이 알려진 이후 제대로 된 진상규명과 처벌은커녕 교단이 이를 조직적으로 은폐하고 국가기관의 수사마저 방해하기도 했다. 성聖이 아니라 속俗의 기준으로 보아도 용납할 수 없는 일이다. 몇 년 전에는 캐나다 건국 초기 가톨릭교회가 선주민 어린이들을 가정에서 '납치'해 기숙학교에 강제 수용하고, 집단적으로 학대하거나 사망에 이르게까지 했다는 사실이 드러나기도 했다. 분노한 선주민들에 의해 불타오르는 성당의 사진은 종교 시대의 뒤늦은 종말을 예견하는 상징처럼 보였다.

이런 문제들이 '과거'의 불행한 유산일 뿐이라고 말할 수 있다면 좋겠지만, 사건은 현재 진행형이다. 대표적인 것이 성소수자들에 대한 성적 편견, 성차별주의에서 비롯된 여성의 성·

재생산 권리 제약에 정통 종교가 앞장서고 있다는 점이다. 정
도만 다를 뿐 이러한 차별과 편견은 기독교, 유대교, 이슬람
교, 힌두교 등 주요 종교에서 공통적으로 관찰된다.

예컨대 에이즈가 20세기 말 처음 등장했을 때 기독교 논평
가들은 이것이 동성애, 간음, 혼외 성관계라는 '죄악'에 대한
신의 형벌이라는 식으로 이야기했다. 이러한 편견은 미국 정
부의 연구개발 정책에도 영향을 미쳤다. 브라질에서는 HIV
바이러스 감염 예방을 위한 콘돔 사용 캠페인 과정에서 공중
보건과 가톨릭교회가 충돌하기도 했다. 콘돔 사용이 '문란한
성생활'을 장려한다며 가톨릭교회가 반대했기 때문이다.

국내에서도 성적 편견을 앞세워 차별금지법 제정에 가장
적극적으로 반대해온 세력이 기독교다. 이들은 퀴어 퍼레이드
가 열리는 현장이면 열일 제치고 달려가 북을 치고 부채춤을
추면서, 때로는 공공연한 폭력을 사용하면서 행사를 방해했
다. 성소수자 차별을 금지하는 인권조례나 차별금지법을 발의
하는 단체장과 국회의원들이 진저리를 칠 만큼 집요한 항의를
퍼붓고 있다. 최근에는 지역의 학생인권조례를 폐지시키고,
공공도서관에서 성교육과 관련한 아동 도서를 금지시키는 데
열정을 발휘하고 있다. 극성맞은 신자 한두 명의 예외적 일탈

이라고 보기 어려운 수준이다.

나도 오랫동안 여러 매체에 글을 써왔지만 몇 줄 '악플'도 아닌, A4 용지 4쪽이 넘는 항의 이메일을 받은 것은 유일하게 성소수자 건강권을 옹호하는 글을 썼을 때였다. 여러 해가 지났지만 그 이메일 내용이 생생히 기억난다. 너무나 절절한 신앙심 고백과 그에 못지않게 너무나 구체적인 성행위 묘사가 부조리극의 한 장면 같았기 때문이다. 성소수자들이 얼마나 성적으로 문란한 존재들인지, 동성애가 왜 죄악인지 설명하기 위해 지나칠 정도로 상세한 묘사를 하고 있었다. 이 정도면 이메일의 발신자야말로 '음란 마귀'에 사로잡혀 이를 즐기고 있다고 생각할 수밖에 없었다. 다른 이를 악마화하고 단죄하는 데 이 정도 열정을 쏟는 종교의 존재 이유는 무엇일까?

왜 낙태와 동성애를 반대할까?

인류 폭력 감소의 역사를 탐구한 미국 심리학자 스티븐 핑커 Steven Pinker는 호모포비아Homophobia에 기반한 폭력은 인간 폭력의 카탈로그에서 매우 신비로운 위치를 점한다고 지적했다. 왜냐하면 가해자가 이런 폭력을 통해 얻을 게 아무것도 없기 때문이다. 그런가 하면 사회 불평등 분야의 석학 예란 테르보른Göran Therborn은 『불평등의 킬링필드』에서 사디스트가 아닌 다음에야 정체성에 기반한 실존적 평등화에 반대할 이유가 없다고 썼다.[18] 제로섬 게임인 소득 불평등과 달리, 동성애자 등 사회적 성소수자들의 실존적 평등화는 기득권층의 유리한 삶의 기회 자체에 변화를 가져오지 않기 때문이다.

동성애가 누군가에게는 문화적으로 꺼림칙한 것일 수 있지만, 도시의 부유한 신자유주의 엘리트들에게는 그리 중요한 문제가 아닐뿐더러 계몽된 자신을 뽐낼 기회이기도 하다. 말하자면 기득권층에게 실존적 평등주의는 '비용이 들지 않는 평등주의'의 선물이며, 이를 통해 좀더 논쟁적이고 근본적인 불평등 이슈에 대한 침묵이라는 혜택을 얻고 있다는 것이다. 하지만 이것도 서구 맥락에만 해당하는 이야기인지, 한국에서는 해외 명문대 경제학 박사 출신의 보수정당 계열 국회의원도, 장관까지 지낸 카리스마 넘치는 진보정당 계열 국회의원도 유독 동성애 이슈 앞에서는 하나님의 순한 양으로 돌변한다.

동성애 반대가 기독교의 가르침이기 때문에 반대한다는 주장은 터무니없다. 『성경』에는 아내를 손님에게 내어주고 자식의 목숨을 제물로 바치는 엽기적이고 잔혹한 폭력의 이야기가 넘쳐나지만 이것을 오늘날 문자 그대로 받아들이는 사람은 없다. 그저 도덕적 상징이나 비유로 해석될 뿐이다. 그런데 유독 자신들의 혐오와 편견을 정당화하고 싶을 때에만 오래된 『성경』의 문구를 글자 그대로 가져오는 사람들이 있다.

때로는 『성경』에 구체적 언급이 없는 내용도 후대에 해석이 덧붙는다. 예컨대 『성경』에서 '낙태'에 대한 언급은 딱 한 번 등장한다. "사람이 서로 싸우다가 임신한 여인을 쳐서 낙태하게 하였으나 다른 해가 없으면 그 남편의 청구대로 반드시 벌금을 내되 재판장의 판결을 따라 낼 것이니라."(「출애굽기」 제21장 제22절) 이 구절은 어디를 보아도 태아 존중이나 낙태 금지와 거리가 멀다.

기독교가 이른바 '낙태 전쟁'에 뛰어든 것은 사실 생명 존중의 교리 때문이라기보다 20세기 후반 미국에서 시작된 신보수주의 동맹의 선거 연합 전술과 관계가 있다. 1970년대 후반 미국에서 출현한 일군의 젊은 보수주의자들, 자칭 '뉴라이트New Right'는 이전까지 공화당의 전통적 이슈였던 세금과 인플레이션 문제가 아니라 학교 기도나 낙태라는 사회적 이슈를 전면에 내세웠다. 그들은 공립학교의 기도 강요를 막고 낙태를 허용하자는 사회적 움직임에 반대하며 미국 남부와 중서부 지역, 북부 산업지대 도시 노동자 등 보수적인 민주당 지지자들을 끌어들였다. 이들은 공화당에 새로운 다수파를 만들어냈다. 이러한 흐름이 본격화되기 이전의 통계를 보면 국가 간섭을 싫어하는 전형적 자유주의자인 정통 공화당 지지자들은 오히려 민주당 지지자들보다 낙태 찬성 비율이 높았다. 심지어 보수주의자들조차도 낙태를 '법'으로 금지하는 것에는 반대가 더 많았다.[19]

'낙태'라는 정치적 땔감

하지만 낙태라는 '정치적 땔감'을 효율적으로 활용하면서 이들은 정치적 영향력을 확대해나갔다. 특히 라디오와 텔레비전 설교를 통해 복음주의 기독교가 급성장하면서 이 문제는 경제나 외교보다도 더 중요한 정치적 이슈가 되었다. 국가가 나서서 인구 통제를 명분으로 공공연하게 임신 중지 시술을 시행하던 시절에 입을 다물고 있던 한국의 기독교가 갑자기 태아 생명권의 수호자로 나선 것도 이런 흐름과 무관하지 않다. 사실 동성애나 낙태 이슈가 인기를 끌기 전에는 '빨갱이, 종북'이 한국 보수 기독교의 중요한 땔감이었다. 그래서 이슈의 이행기 동안 '동성애자=종북 세력'이라는 전대미문의 혼종 구호가 등장하기도 했다.

문제는 이러한 '종교발 發' 혐오와 차별 공세가 실제 시민들의 건강에 악영향을 미친다는 점이다. 실존 자체를 부정당하고 죄인 취급을 받으며, 때로는 학대나 다름없는 '전환 치료'를 강요받는 상황에서 아무렇지도 않게 건강할 수 있다면 그것이야말로 신의 기적이다. 필수 보건의료 서비스에 해당하는 '안전한 임신 중지' 기회를 가로막는 것은 낙태를 줄이는 데 아무런 기여도 하지 못하며 여성들의 신체적·정신적 건강에 부정적 영향만 미칠 뿐이다.

형법의 낙태죄 폐지나 차별금지법 제정 논의 과정에서 정부는 줄곧 '사회적 합의'를 강조해왔다. 하지만 이는 일부 종교 세력의 건강권 침해에서 국민을 보호해야 할 국가의 의무를 저버리는 행위와 다름이 없다. 2021년 5월 국가인권위원회 의뢰로 이루어진 여론조사에서 국민의 88.5퍼센트는 이미 차별금지법 제정에 찬성하고 있었다. 비슷한 시기 한국갤럽의 조사 결과에 따르면, 한국인 중 현재 믿는 종교가 없다는 사람의 비중이 60퍼센트에 달했다. 종교가 있다는 사람은 절반에도 못 미치는 40퍼센트 수준이며, 이 중 개신교, 불교, 천주교가 각각 17퍼센트, 16퍼센트, 6퍼센트를 차지하고 있을 뿐이다. 일부 기독교 세력의 주장이 정치적으로 과잉 대표되면서 시민의 존엄과 건강권을 해치는 이 상황은 종교가 얼마나 중요한, 때로는 '파괴적인' 건강 결정 요인이 될 수 있는지를 보여준다.

코로나19 유행이 조금 잦아들 무렵, 전통 무가巫歌를 재해석한 밴드 '추다혜차지스'의 공연을 관람한 적이 있다. 붉은 조명 아래, 역병의 나쁜 기운은 물러나고 좋은 일만 생기라는 절절하고 단순한 읊조림이 묘한 위로가 되는 신기한 순간을 경험했다. 그런 노랫가락이 실제 코로나19 바이러스를 몰아내는 데 아무 효과는 없겠지만, 마음을 건드리는 그 순간의 위안만은 실재實在였다. 바이러스와 세균의 존재를 알지 못했던 시절, 옛사람들이 초월적 존재에 간절히 매달릴 수밖에 없었던 게 바로 이런 것이었겠구나 싶었다.

건강하기 위한 '도구'로 종교를 선택하는 사람은 아마도 없을 것이다. 종교의 유일한 효과가 건강 개선인 것도 아니다. 하지만 분명한 것은 초월적 존재의 이름을 빌려 동료 인간의 존엄성을 훼손하고 건강과 생명을 해치는 행위가 그들이 믿는 종교의 본령은 아니라는 것이다.

　종교를 믿는 사람의 비율이 줄어들고 있다지만, 앞으로도 오랫동안 종교는 사람들에게 소중한 삶의 의미가 될 것이다. 종교는 종교를 믿는 사람들의 내면으로 돌아가야 한다. 국가는 인권 보장 의무의 담지자로서 해로운 종교 세력에서 사람들의 건강권을 보호하는 데 적극 나서야 한다. 종교가 정치를 과잉 대표하고, 정치가 종교를 적극적으로 호명하는 곳에서 어김없이 인류의 평화가 위협받았다는 사실을 기억할 필요가 있다.

페미사이드,
여자라서 죽는다

여성에 대한 여성 혐오적 살해

"유엔에 있는 누군가가, 아마도 당신은 믿기 어렵겠지만, '페미사이드femicide'에 관한 협약을 제안했어. 마치 탈취제 스프레이 이름처럼 들리지?" 미국 작가 제임스 팁트리 주니어James Tiptree, Jr가 1977년 발표한 단편소설 「체체파리의 비법」의 한 구절이다.[20] 해충 박멸 연구 때문에 콜롬비아 오지에 체류 중인 과학자 남편에게, 미국에 있는 역시 과학자인 아내가 다급하게 편지를 보낸다. 현재 남성들에 의한 조직적 페미사이드

가 유행병처럼 퍼져나가는 중이라고. 걷잡을 수 없는 이 상황
이 너무나 두렵다고. 1970년대 소설 속 과학자 부부에게 '페미
사이드'는 탈취제 상표처럼 들리는 낯선 단어다.

남성에 의한 여성 살해는 역사적으로 오래되고, 지구촌 곳
곳에 만연한 현상이다. 이를 '페미사이드'라고 명명하게 된 것
은 비교적 최근의 일이다. 1976년 여성주의 작가 다이애나 E.
H. 러셀Diana E. H. Russell은 '여성이라는 이유로 일어나는 남성
에 의한 여성 살해'를 '페미사이드(femi~[여성]+~cide[죽임])'로
호명했다. 라틴아메리카 같은 지역에서는 문자 그대로 여성
살해를 지칭하는 일반명사처럼 쓰이지만, 이 개념은 여성 살
해 그 자체보다는 '여성이기 때문에' 살해당하는 사실에 초점
을 둔다.

다이애나 러셀은 1992년 출판한 『페미사이드』에서 "페미사
이드는 역사적으로 불평등한 남녀의 권력관계에서 기원한 것
으로 여성에 대한 증오, 경멸, 쾌락 혹은 소유 감각이 동기가
되어 남성이 자행한 여성에 대한 여성 혐오적 살해"라고 정의
했다.[21]

제임스 팁트리 주니어의 「체체파리의 비법」 속 남성들은
어느 날부터인가 갑자기 성적 욕구가 절제되지 않는 비정상적

살해 욕구로 폭발하면서 여자들을 무차별 살육하기 시작한다. 페미사이드 유행 초기에는 이를 합리화하기 위한 종교까지 만들어낸다. 이브가 나타나기 전까지 평화로웠던 에덴동산을 찬미하는 교리를 만들면서 말이다. 이렇게 여성들이 모조리 죽임을 당하고 나면 무슨 일이 벌어질까? 인류의 절멸이다.

소설 제목인 '체체파리의 비법'은 수컷 불임 파리를 야생에 풀어놓아 정상 수컷 파리와 짝짓기 경쟁을 하게 만들고, 집단의 번식 성공률이 낮아지면서 세대를 거칠수록 후손의 개체 수가 감소해 결국 박멸에 이르도록 만드는 해충 구제驅除 전략이다. 소설 속에서 페미사이드는 바로 이런 구실을 한다.

작가의 빼어난 글솜씨 덕에 독자들, 특히 여성 독자들은 자신이 거대한 살육의 현장에 있는 듯 '리얼 공포'를 체감할 수 있다. 2019년 7월, 마침내 경기도 화성 연쇄살인 사건의 범인이 잡혔다는 소식에 오래전 읽었던 이 소설을 다시 떠올렸다. 나는 이 비극적 사건을 뉴스보다는 〈살인의 추억〉(2003년)이라는 영화를 통해 기억하고 있었다. 영화의 디테일은 많이 잊었지만, 그 느낌만은 여전히 생생하다. 인적 드문 어두운 밤길, 자꾸만 뒤를 돌아보며 초조하게 발걸음을 재촉하는 여성의 그 긴장감 말이다. 풍경이 조금씩 달라질 뿐 한국 사회를 살아가는 여성들 대부분이 현실에서 경험해본 감각이다. 이 사건은 페미사이드였다. 나이도 다르고 직업도 다른 피해자들은, 여성이기 때문에 남성에게 잔인하게 살해당했다. 「체체파리의 비법」에 그려진 허구 세계 남성들이 자행했던 페미사이드와 다를 바 없었다.

범죄에서 드러나는 '성별 불평등'

페미사이드는 젠더를 기반으로 일어나는 폭력의 가장 극단적인 형태라고 할 수 있다. 젠더 폭력은 무작위로 발생하는 '일부' 남성의 일탈 행위가 아니라 성별 불평등과 차별의 구조적 결과로 보는 것이 합당하다. 무작위 사건, 일부의 일탈이라고 보기에는 문제의 규모가 크고 또 사회적 패턴이 뚜렷하다. 세계보건기구WHO 통계에 따르면 전 세계 여성의 3분의 1이 평생 한 번 이상 파트너에 의한 물리적 혹은 성적 폭력, 타인에 의한 성적 폭력을 경험한다고 한다.

최근 발표된 「유엔 2023 페미사이드 보고서」에 의하면, 2023년 한 해 동안 전 세계에서 약 8만 5,000여 명의 여성이 남성에 의해 의도적으로 살해되었다. 그중 60퍼센트에 달하는 5만 1,100명은 친밀한 배우자나 가족에 의해 죽임을 당했다. 전체적으로 살인 사건의 피해자는 남성(80퍼센트)이 여성(20퍼센트)보다 압도적으로 많았지만, 배우자나 가족에게 살해된 희생자의 수는 여성(60퍼센트)이 남성(11.8퍼센트)보다 6배 가까이 많았다. 여성 살해 문제는 결혼지참금 제도나 명예살인 등으로 악명이 높은 일부 국가만의 문제가 아니다. 2013년 유엔 총회는 모든 국가의 대응을 촉구하면서 '성별 관련한 여성과 소녀들의 살해에 대한 조치' 결의안을 채택하기도 했다.

그렇다면 한국의 상황은 어떨까? 일반적으로 살인으로 인한 사망률은 남성이 훨씬 높다. 테러리스트에 의한 무차별 가해가 아닌 이상, 살인은 폭력 범죄나 물리적 상호 충돌 과정에서 우발적으로 일어나는 것이 일반적이다. 이런 상황에는 대개 여성보다 남성이 많이 연루된다. 심지어 한국은 총기가 엄격하게 규제되고 사회 안전 수준이 높다고 평가받는다. 한국의 살인 사망률은 10만 명당 1명 미만으로 국제적으로도 낮은 그룹에 속한다.

그런데 남성과 여성의 사정이 조금 다르다. 국가통계포털 KOSIS에 따르면, 1990년대까지는 남성의 살인 사망률이 크게 앞섰지만 이후 감소하면서 남녀 간 격차가 줄어들어 최근에는 사망률의 성별 격차가 거의 사라졌다. 20대만을 살펴보면 이런 현상이 더욱 두드러진다. 2000년대 이후 거의 차이가 없었을 뿐만 아니라, 심지어 여성의 살인 사망률이 높았던 해도 적지 않다. 최소한 살인 사망에서는 '양성평등'이 이루어진 셈이다.

실제로 국내에서 강력 흉악 범죄 피해자의 성별 통계를 살펴보면 '성별 불평등'을 확인할 수 있다. 2022년 경찰청 범죄 통계에 의하면 전체 범죄 피해자 중 여성이 차지하는 비중은 28.9퍼센트로 전체의 3분의 1 정도를 차지하지만, 살인·강도·방화·성폭력 등 강력 흉악 범죄에서 여성이 피해자가 되는 비중은 86.4퍼센트에 달했다. 한국의 페미사이드 현상을 이해하기 위해서는 많은 연구가 필요하다. 분명한 점은 페미사이드의 토양이 될 수 있는 제도와 문화가 존재한다는 점이다.

위험한 '사회생활'

먼저 법 집행과 사법절차 문제를 지적할 수 있다. 예컨대 남성 파트너의 집요한 스토킹이나 폭력 때문에 경찰에 도움을 요청했지만 제대로 보호받지 못하다가 결국 살해당한 여성의 사연은 비슷한 사례가 많아 언론 기사 제목만으로는 구분하기조차

어렵다. '만나주지 않아서', '헤어지자고 해서', '나를 무시해서'
는 전형적 레퍼토리다. 최근에는 일면식이 없는 남성에게서
'여성'이라는 이유로, 혹은 '페미니스트'라는 이유로 공격을 당
하는 경우도 늘어나고 있다. 20대 남성이 편의점에서 일하던
여성 노동자에게 "머리가 짧은 걸 보니 페미"라면서 무차별 폭
행을 가한 사건은 여러모로 충격이었다.

　남성 가해자의 처벌에서도 비슷한 패턴이 반복된다. '술 때
문에' 혹은 '욱하는 심정에' 우발적으로 범행을 저질렀다는 가
해자의 해명과 함께 '깊은 뉘우침'과 반성문을 이유로 낮은 형
량이 선고된다. 휴대전화 속에서 여성을 불법 촬영한 사진 수
백 장이 확인되어도 여전히 '초범'이고 '우발적' 범죄라며 집행
유예가 선고된다. 사적인 공간인 가정은 물론 일터, 공중화장
실, 엘리베이터, 지하철, 길거리, 기차역, 편의점에 이르기까
지 여성들에게 위험한 공간의 목록은 계속 늘어나고 있다.

　현실은 이렇지만 일부 '알파걸'들의 성공, 대학 진학률의 성
별 역전은 한국 사회에서 젠더 평등이 이루어진 것 같은 착시
효과를 가져왔다. 이는 성평등에 대한 강력한 반동 기류로 이
어지고 있다. 게다가 겨우 억압적인 가부장제 규범을 벗어나
는가 했더니 이제는 디지털 성폭력과 함께 여성을 극단적으로

성적 대상화하는 문화, 여성 혐오를 특징으로 하는 '안티-페미니즘'이 급성장하고 있다. 성적 대상으로 소비되는 여성에게 인격과 존중이 들어설 여지는 없다. '여자가 나를 무시하는 것 같아서', '여자가 나를 만나주지 않아서', '여자가 나를 화나게 만들어서' 같은 남성 가해자의 발언에는 여성이 남성을 응당 존중해야 하고, 남성에게는 그런 대접을 받을 자격이 있다는 규범이 그대로 드러난다.

연쇄살인 사건이 아니다

사람이 죽고 사는 것만큼 궁극적인 건강 문제는 없다. 더구나 그것이 불필요하고 부당한 죽음이면서, 충분히 예방도 할 수 있는 죽음이라면 사회가 두 팔을 걷어붙이고 당장 나서지 않을 이유가 없다. 국제적으로 젠더 폭력이나 페미사이드는 여성 인권 담론뿐만 아니라 공중보건 분야에서도 중요한 이슈로 다루어지고 있다. 그럼에도 한국 사회에서 이 문제가 좀처럼 주목받지 못하는 것이야말로 페미사이드의 정치적 성격을 잘 보여준다.

　정부는 젠더 폭력이나 페미사이드와 관련된 기본 통계조

차 제대로 만들어내지 않는다. 유엔은 회원국들이 페미사이드 혹은 젠더 관련 여성 살해에 대한 감시체계를 만들고 가해자·피해자 성별에 관한 분리 통계를 제시하라고 권고해왔다. 국가 통계가 불충분하니까 유엔이나 세계보건기구가 발행한 젠더 폭력이나 페미사이드 관련 보고서에도 한국에 대한 내용이 담기지 못하고 국제 비교도 하기 어렵다.

문제를 문제로 인식하지 못하거나 자연스러운 현상으로 받아들여지게 하는 것, 문제를 사회적 의제로 떠오르지 못하게 만드는 것이야말로 권력이 가진 진정한 힘이다. 구체적인 법과 제도 개선이 중요함은 말할 나위 없지만, 그러한 개선 노력이 힘을 얻기 위해서라도 오늘날 한국 사회에서 일어나는 여성 살해를 페미사이드라는 제 이름으로 불러주는 것이 필요하다. 연쇄살인 사건이 아니라, 묻지 마 살인이 아니라, 가정폭력이 아니라 페미사이드라고 말이다. 그들은 여성이었기 때문에 죽었다. 가해자들은 '묻지 마', '무차별'이 아니라 '의도적으로' 여성을 표적으로 삼았다. 페미사이드는 무작위로 발생하는 일탈 행위가 아니다. 젠더 불평등이라는 거대한 빙산이 수면 위로 드러난 일부분일 뿐이다. 이 문제를 풀기 위해서는 '젠더 정치'와 '건강 정치'가 만나야 한다.

제2장

건강을
돌보지 않는
사회

몸과 마음에 새겨진
사회적 재난

가난한 가정의 어린이들이 심한 타격을 받았다

2020년 말 유엔개발계획UNDP은 코로나19 유행을 거치며 2억 명 넘는 인구가 새롭게 극단적 빈곤에 빠져들 것이라고 추정했다.[1] 원래 형편이 안 좋았던 저소득 국가만의 이야기가 아니다. 2021년 6월 뉴질랜드의 아동빈곤행동그룹Child Poverty Action Group은 2020년 한 해에만 새롭게 빈곤층이 된 뉴질랜드 어린이가 1만 8,000여 명에 달할 것이라고 발표했다. 코로나19 유행 이후 시작된 주거비 상승 문제는 고려하지도 않은 수치였다.

사실 아동 빈곤 퇴치는 저신다 아던Jacinda Ardern 총리가 2018년부터 야심차게 추진해온 역점 과제였고, 코로나19 대응에서도 중요하게 다루어졌다. 강도 높은 봉쇄 조치로 인해 가난한 가정의 어린이들이 심한 타격을 받을 수 있다는 점을 예상하고, 아동 수당 25달러(주당)를 추가로 지급했으며, 저임금 노동자를 위한 근로 세액공제 조건도 완화했다. 봉쇄 때문에 일자리에 타격을 받은 이들에게 임금 보전으로 130억 달러를 지원하기도 했다. 임금 지원금은 평소 구직 수당의 2배에 달했고 빈곤화를 막는 데 상당한 기여를 한 것으로 알려졌다.

하지만 이런 적극적인 노력도 이미 오래전부터 주거와 소득 불안정에 시달려왔던 이들의 타격을 완화하기에는 역부족이었다. 빈곤 아동의 숫자는 늘어났고, 이는 대부분 선주민先住民 가정에 집중되었다.[2] 평소 강력한 아동 빈곤 대응 정책을 추진해왔고, 코로나19 팬데믹 시기 재정투자에도 적극적이었던 뉴질랜드의 이러한 결과를 보면 국내 상황에 대해서도 우려하지 않을 수 없다.

2021년 5월 한국은행의 연구보고서 「코로나19가 가구소득 불평등에 미친 영향」에 따르면, 2020년 2~4분기 소득 하위

20퍼센트 가구의 전년 대비 소득 감소율은 17.1퍼센트나 되었다.[3] 소득 상위 20퍼센트의 소득 감소 폭 1.5퍼센트의 10배가 넘는 수치다. 하위 소득군 중에서도 대면 서비스 일자리에 종사하고 미성년 자녀가 있는 여성 가구의 소득 감소율은 23.1퍼센트에 달했다. 코로나19 팬데믹이라는 전 지구적 재난을 인류가 함께 겪었다지만, 사회계급의 거대한 피라미드 중 어디에 서 있는지에 따라 사람들이 경험하는 시간은 너무나도 달랐다.

사회 불평등이 몸에 남기는 '상흔'

하지만 우리가 누구인가? 전설 속 '고난 극복의 유전자'를 타고 났다는 K-민족 아닌가? 어떻게든 어려움을 극복하고자, 삶을 이어가고자 사람들은 고군분투했다. 그런데 이러한 분투에는 대가代價가 따른다. 문자 그대로 몸에 상흔이 새겨진다.

인류는 오랜 시간에 걸쳐 외부의 위협과 스트레스에 대응하는 기전mechanism을 진화시켜왔다. 위험하고 긴장되는 상황에 처하면 손에 땀이 나고 혈압이 상승하며 심장박동이 빨라진다. 의식하지 못하지만 몸에 비축해놓은 에너지를 활용하기 위해 혈당 수치도 높아진다. 이러한 과정을 이항상성allostasis 이라고 부른다. 변화하는 외부 조건에 적응하기 위한 우리 몸의 필수 조절 기전이다. 이항상성을 진화시키지 못했다면 인류는 가혹한 생태계에서 살아남지 못했을 것이다. 곰에게 쫓기는 상황에서, 몸에 쌓아두었던 에너지를 빨리 동원하고 심장이 빠르게 박동하여 산소와 에너지를 근육에 효율적으로 공급할 수 없었다면? 결말은 독자의 상상에 맡겨두겠다.

위기 상황이 종료되면 생리적 반응은 평상시로 회복해야한다. 그런데 위협적인 스트레스 상황이 너무 자주 반복되거나 지속되면, 우리 몸에는 '부하load'가 걸리고 '닳아 해지게' 된다. 혈압, 혈당, 스트레스 호르몬이 높은 상태가 계속되고 염증 반응물질이 증가하면, 뒤이어 동맥경화증·당뇨병·대사증후군·심장병 발병 빈도가 높아진다. 스트레스를 완화하기 위해 술과 담배, 고열량 식품에 빠져드는 것 또한 건강에 부정적 결과를 낳는 이항상성 반응 중 하나다.

고질적인 생계 걱정, 불안정한 일자리, 가정불화, 일터의 스트레스, 열악한 주거환경……. 곰이나 사자에게 쫓기는 스트레스는 사라졌지만, 오늘날 계층 피라미드의 아래쪽에 있는 현대인들은 끊임없이 이런 위협에 직면한다.

더욱 눈여겨보아야 할 것은, 이러한 이항상성 부하는 아주 어린 시절부터 누적되며 장년기까지 영향을 미친다는 점이다. 아동기에 경험한 사회경제적 역경은 아동기 건강 불평등은 물론 성인기 건강 불평등으로도 이어질 수 있다. 실제로 영국의 1958년 출생 코호트 연구에서는 출생 시기 사회경제적 지위를 반영하는 엄마의 학력 수준이 아동·청소년기의 물질적 박탈, 20대 초반의 비만 위험과 관련이 있었고, 44세에 측정한 이항상성 부하 척도와도 관련이 있었다.[4]

미국 청년들을 대상으로 한 연구는 어린 시절 어려운 사회경제적 환경에 놓였던 이들일수록 스트레스 반응 매개에 중요한 역할을 하는 뇌의 편도체amygdala가 외부 자극에 과잉 활성화된다는 점을 확인하기도 했다.[5] 우리 속담에 '자라 보고 놀란 가슴 솥뚜껑 보고 놀란다'고 하는데, 어릴 적 많은 곤경을 겪고 나면 이후 작은 문제에 대해서도 스트레스 반응이 과도하게 활성화될 수 있음을 의미한다. 아동 학대를 경험했던 이들이 성인기에 비만·당뇨·심장질환·정신질환 위험이 높아지는 것도 이러한 맥락에서 설명할 수 있다.

엄마 뱃속에서 가난을 경험하다

1980~1990년대 영국의 역학자 데이비드 바커David Barker는 서구 사회가 경제적으로 풍요로워지면서 관상동맥 질환·고혈압·당뇨병 등이 늘어났는데, 과거에 가난했던 지역일수록 이런 문제가 더 심각하다는 점을 발견했다. 그는 태아의 장기가 발달하는 '결정적 시기critical period'에 엄마가 영양부족 상태에 빠지면 이에 적응하기 위해 에너지를 축적하도록 태아의 몸이 '프로그래밍'되고(이를 '절약 표현형 가설Thrifty Phenotype Hypothesis'이라고 한다), 나중에 영양이 풍족해졌을 때는 이러한 형질이 부적응적인 것이 되어 중장년기 대사성 질환의 위험을 높인다고 추론했다. 생존을 위해 에너지를 절약하고 저축하는 것이 말 그대로 '몸에 배면서', 굳이 영양소를 저축할 필요가 없는 상황이 되어서도 계속 저축을 하는 셈이다.

이러한 가설은 비극적인 자연실험을 통해 점차 사실로 입증되었다. 네덜란드 기근 연구다.[6] 1944년 말, 나치가 네덜란드 서부 지역을 봉쇄하고 이후 한파로 물자 이동까지 가로막히면서 이듬해 봄까지 이 지역은 최악의 기근을 경험했다. 당시 하루 섭취 열량은 겨우 400~800킬로칼로리kcal에 불과했다

고 한다. 임신부들도 똑같이 굶주림을 겪었다. 다행히 전쟁은
곧 끝이 났다. 네덜란드는 빠른 경제성장과 함께 풍족한 식생
활을 영위할 수 있게 되었다. 그런데 태아 초기 엄마 뱃속에서
기근을 경험했던 이들이 나중에 성인이 되었을 때 전쟁 전후
에 태어난 다른 형제들보다 비만율이 높다는 점을 발견했다.
심혈관 질환과 대사성 질환, 정서장애 유병률도 높았다. 심지
어 당사자들만이 아니라 그 자녀 세대에서도 건강 문제가 확
인되었다. 기근이라는 사회적 경험이 어떻게 생물학적으로 유
전될 수 있을까?

유전체 분석 기법이 발달하면서 그 비밀도 하나씩 밝혀지
고 있다. 임신 초기 엄마 뱃속에서 기근을 경험한 이들은 그렇
지 않은 형제들과 비교했을 때, 대사조절에 관여하는 DNA 부
위의 메틸화에 변화가 나타났다. 이러한 결과는 동물실험 연
구와 인간을 대상으로 한 역학적 연구에서 속속 확인되었다.
이를테면 감비아Gambia 지역 연구에서도 식량 사정이 좋지 않
은 우기雨期에 임신된 아이들이 건기乾期에 임신되어 태어난
아이들에 비해 대사조절에 관여하는 DNA 부위에서 메틸화
변화가 더 많이 관찰되었다.[7]

DNA의 염기서열 자체가 변하는 것은 아니지만, 환경적 요

인이 유전자 발현을 조절하는 기전에 변화를 일으켜 표현형에 변화가 일어나는 것을 후성유전적epigenetic 변화라고 한다. 오래전에 배웠던 '획득 형질은 유전되지 않는다', '라마르크의 용불용설은 틀렸다'는 것을 철석같이 믿고 있는 이들에게 충격이겠지만, 후성유전적 변화가 후손에게 계승될 수 있다는 점 또한 동물과 인간 연구에서 속속 확인되고 있다.

태아 시기의 영양결핍만 후성유전적 변화를 일으키는 것은 아니다. 임신 중 엄마의 우울증은 자녀의 출생 3개월 시점에 측정한 스트레스 호르몬 수용체의 메틸화에 변화를 일으켰다. 아동기의 학대 경험은 뇌의 해마 부위에 있는 스트레스 호르몬 수용체, 우울증 관련 신경전달물질 수용체 부위의 메틸화에도 변화를 유도했다.

건강 불평등 문제의 발생 기전을 규명하고 개입을 고민할 때, 이는 상당히 중요한 개념들이다. 이항상성 부하는 사회심리적 고통이 어떻게 우리 몸에 상흔을 남기는지 그 기전들 중 하나를 분명하게 보여준다. 후성유전학의 발전은 '자연 대 양육nature vs nurture'이라는 오래된 이분법을 폐기하고, 유전체와 환경의 상호작용에 대한 설명을 다시 써내려가는 중이다. 이러한 발견은 사회 불평등이 어떻게 우리 몸으로 들어와 건강 불평등으로 이어지는지, 특히 생애 초기의 돌봄과 보호가 평생에 걸쳐 건강에 어떤 장기적 영향을 미치는지 중요한 단서들을 제공한다.

한국에서만 자살률이 급증한 이유

건강 불평등에 대한 강의를 하다 보면 "좋은 이야기인 건 알겠는데, 그럼 어떤 정책을 써야 이 문제를 해결할 수 있는지 답을 알려달라"는 요청을 종종 받는다. 하지만 건강 불평등 기전에서 알 수 있듯, 세상에 아주 혁신적이고 특별한 건강 불평등 정책이란 없다. 이미 계층 피라미드의 상층에서 향유하고 있는 기본적인 건강 보호 자원에서 우리는 답을 찾을 수 있다.

화려한 대저택일 필요는 없지만 안정적이고 쾌적한 주거, 아이들에게 좋은 돌봄을 제공할 수 있는 시설과 부모의 시간 여유, 적당량의 균형 잡힌 식사, 당장 내일의 생계를 걱정하지 않아도 되는 기본적인 소득 보장 같은 것들 말이다. 아동기 환경이 중요하다고 해서 아동 수당이나 보육시설 확충, 무상 예방접종처럼 아동에게 특화된 정책에만 한정할 필요도 없다. 예컨대 최저임금제도를 아동정책이라고 생각하는 사람은 별로 없겠지만, 1999년 영국이 이 제도를 도입한 것은 아동 빈곤율을 낮추기 위해서였다.

1997~1998년 외환위기 시절 우리 사회는 자살률 급등을 경험했다. 특히 사회경제적으로 어려운 처지에 있던 이들의 희생이 컸다. 한국 사회는 이를 '사회적 타살'이라고 명명하면서도 당연한 결과처럼 받아들였다. 그러나 비슷한 위기에서 다른 반응이 나타나기도 한다. 소련의 주요 교역국이던 핀란드는 1990년대 초 소비에트연방이 해체되면서 심각한 경제위기를 경험했다. 한국처럼 국제통화기금IMF에서 구제금융을 받기도 했다. 하지만 이 시기 핀란드에서 자살률 급증은 나타나지 않았다.

한국과 함께 금융위기를 경험한 일본에서도 경제활동에 종사하는 중장년 남성의 자살률은 폭등했지만, 여성이나 노인들의 자살률에는 거의 변동이 없었다. 한국에서만 남녀 모두, 중장년과 노인 모두에게서 자살률이 급증했다.[8] 경제위기가 자살률 증가로 이어지는 것은 당연한 결과가 아닌 것이다. 사회가 어떤 완충장치를 가지고 있느냐, 어떻게 개입하느냐에 따라 결과는 얼마든지 달라질 수 있다.

코로나19 위기가 지나갔다고 한국 사회는 빠르게 그 시절을 잊고 있다. 고통스러운 시기가 지나갔다고 해서 그동안 겪었던 고통까지 흔적 없이 사라져버리는 것은 아니다. 당장 눈에 띄지 않을지 모르지만, 이러한 사회적 역경과 사회심리적 고통은 우리 몸에 흔적을, 그것도 아주 오랫동안 지속될 상처를 남길 것이다. 몇 년 뒤 우리 몸이 그 대가를 치르지 않도록 하려면, 특히 지금의 어린이들이 수십 년 후 건강 상실이라는 뒤늦은 벌금을 내게 하지 않으려면 즉각 개입이 필요하다. 지금도 이미 늦었다.

외나무다리를
안전하게 뛰라는 세상

한국에 '재래형 산재'가 많은 이유

2018년 12월 27일, 국회의 회기 만료를 앞두고 산업안전보건법 전면 개정안(김용균법)이 가까스로 본회의를 통과했다. 그해 12월 10일에 일어난 비정규직 노동자 김용균의 안타까운 사망, 유가족의 애타는 호소, 노동자와 시민들의 성난 목소리가 빗발친 후에야 겨우 가능했다.

그 2년 뒤 추운 겨울날, 산재 유가족들이 또다시 국회 앞에서 애타게 호소했다. 중대재해처벌법(중대법)을 2020년 연내에 입법하라고 말이다. 민주당은 대표가 나서서 입법을 약속한 것만도 벌써 여러 차례였다. 정의당은 선제적으로 법안을 발의했고, 좀처럼 호응할 것 같지 않았던 국민의힘도 입법 취지에 동의한다는 뜻을 분명히 밝혔다. 여론의 호응도 컸다. 그런데 어쩐지 차일피일 시간만 흘러갔다. 약속이라도 한 듯 법안의 '위헌적 요소', '과도한 엄벌주의', '영세사업장 적용의 비현실성' 등을 지적하는 전문가들의 논평과 기업들의 불평이 연일 쏟아져 나왔다.

연구를 하는 사람으로서는 개인적인 당혹스러움도 있었다. '기업살인법 운동'의 진화를 산업안전보건법 전면 개정을 가능케 한 동력으로 분석한 논문을 발표한 것이 바로 두 달 전이었다. 논문의 잉크가 마르기도 전에, 또다시 '상황'이 발생한 것이다. 사실 그동안 이 문제에 특별한 관심을 기울였던 사람이 아니라면 중대법을 둘러싼 논란을 따라가기 어렵다. 예컨대 산업안전보건법이 개정되었다는데 그걸로는 부족한 것일까? 처벌이 능사가 아니라든가, 중대법에서 소규모 사업장을 제외하자는 요구에도 일리가 있지 않을까?

이 상황을 이해하려면 지난 수십 년 동안 이어졌던 노동자들의 안타까운 죽음, 20여 년 전 '노동자의 죽음은 기업의 살인

이다'라는 구호와 함께 시작된 '기업살인법 운동'으로 거슬러 올라가야 한다.[9]

한국은 경제 규모에 걸맞지 않게 '재래형' 산재가 많다. 국제노동기구ILO 통계에 따르면 2014년 기준 작업장 사고로 인한 노동자 사망률이 10만 명당 5.81명이었다. OECD 회원국 평균인 2.61명의 2배가 넘는다. 한국에서는 산업재해 사망자의 53.6퍼센트가 사고에 따른 것이었다. 그 비율이 국제적으로는 13.7퍼센트에 그쳤다. 다른 나라에 직업병이 특별히 많아서가 아니다. 그 나라들이 적어도 사고성 산재 사망은 어느 정도 예방하고 있기 때문이다.

사고성 산재는 대부분 추락, 끼임, 부딪힘 등의 사고로, 첨단기술이 아니라 간단한 안전장치와 실천으로 얼마든지 예방할 수 있다. 그런데 한국의 작업장에서는 이 간단함이 결코 간단하지 않다. 아마도 많은 이가 2010년 9월 7일, 충남 당진 환영철강에서 일어난 사건을 기억할 것이다. 29세 청년이 용광로에 빠져 숨졌다. 청년은 용광로가 제대로 닫히지 않는 문제를 해결하려고 용광로 위의 고정 철판에 올라갔다가 발을 헛디뎠을 뿐이다. 그런데 그곳에는 난간이 없었다. 난간을 설치하는 것이 기술적으로 대단히 어렵고 엄청난 비용이 필요한 일은 아니었을 것이다.

게다가 이런 '재래형' 산재의 대부분은 노동시장이나 공급 사슬의 말단에 있는 하청업체나 영세사업장 노동자들에게 집중된다. 예컨대 2018년 김용균이 사망하기 전 5년 동안, 국내 화력발전소 산재 사고의 97.7퍼센트가 하청 노동자들에게 일어났다. 사망에까지 이른 사고의 희생자 20명은 모두 하청 노동자였다. 오랫동안 이런 일이 가능했던 이유는? 무슨 다른 답이 있을까. 그래도 되기 때문이었다.

죽음마저도 그렇게 헐값이다

산재가 '사회적' 문제로 여겨지게 된 것은 사실 비교적 최근의 일이다. 오랫동안 산재는 노동자 개인의 부주의로 발생한 사건, 경제발전 과정에서 어쩔 수 없이 일어나는 개인적 비극이나 불운 등으로 치부되기도 했다. 나이 든 현장 활동가는 "아휴 재수 없다, 평소에 잘 하다가 오늘은 뭐에 씌었네"라는 동료들의 이야기를 예전에는 흔히 들을 수 있었다고 했다. 비슷한 사고가 반복되어도 구조적 원인을 분석하거나 사회적 공론화가 이루어지지 않다 보니, 개인들로서는 이렇게 생각할 수밖에 없었다.

게다가 고용과 임금 문제가 워낙 중요하다 보니 노동조합에서도 안전 문제에 우선순위를 두기 어려웠다. 강한 노동조합이 있으면 사정이 낫지만, 사고가 많이 발생하는 영세사업장과 하청업체일수록 노동조합 결성은 어렵다. 사실 다단계 하도급 구조와 이중 노동시장이야말로 산재의 구조적 원인이다. 임금과 고용안정은 물론이고 심지어 위험까지 철저하게 이중화되어 있다.

물론 원청 기업들도 안전을 강조한다. 하지만 정규직이 15~20일 걸려 할 수 있는 일을 하청 노동자들에게 10일 만에 끝내도록 요구하면서 안전을 강조한다면, "외나무다리를 빨리 뛰어가라고 하면서 안전하게 뛰어가라"고 하는 것과 똑같다. 조선소 하청 노동자로 일했던 노동인권 활동가는 작업장 내부의 빡빡한 공정 때문에 "안전이고 뭐고 사실상 의미가 없다"고 말했다. 그렇게 일하다 사고가 나면 '노동자의 안전 불감증'이 원인으로 지목된다.

논문을 준비하면서 만난 활동가들은 '산재가 왜 이렇게 반복될까?'라는 질문에 단 1초의 망설임도 없이 답했다. "화이트 칼라가 죽는 거 보았냐?" 맞는 말이다. 대학교수가 1년에 900명

씩 연구실에서 사망한다면, 대기업과 공기업의 관리직·전문
직 종사자가 매일 3명씩 산재로 사망한다면 이 문제가 이렇게
방치되었을까? 조선소에서는 하청 노동자가 죽으면 '보상금
5,000만 원'이 거의 관행처럼 통용되기도 했다. 이는 정규직의
3분의 1도 안 되는 금액으로 "죽음마저도 그렇게 헐값"이다.
반복적인 재래형 산재 사고의 본질은 불평등 문제다.

  기업이 노동자의 생명과 안전에 대한 책임을 회피하고 이
에 노동자들도 개별적으로 맞서기 어렵다면, 국가가 나설 차
례다. 건강권 보호는 물론 공정한 시장 질서를 세우는 문제이
기도 하다. 하지만 전두환 군사독재정권 시절에 제정된 산업
안전보건법은 산재의 책임을 크게 추궁하지 않는다. 그나마
사고가 실제로 많이 발생하는 영세사업장에는 법률 제정 이후
로도 오랫동안 '적용 제외'가 허용되었다. 그리고 무엇보다도,
산재가 무수히 반복되도록 만든 일등 공신은 솜방망이 처벌이
었다.

  2020년 한익스프레스 물류센터 화재 이후 새삼 조명된
2008년 코리아냉동 물류창고 화재 사건을 돌이켜보자. 무려
40명이 사망하고 10명이 부상당한 엄청난 재해였다. 하지만
회사와 최고경영자는 산업안전보건법, 형법상 과실치사 등의

혐의로 각각 2,000만 원의 벌금형을 선고받았다. 현장 관리자와 감독관은 집행유예로 8~10개월 징역형을 선고받았다. 40명 사망에 총 벌금이 4,000만 원, 한 사람의 목숨값은 어림잡아 100만 원이다. 벌금이 너무 가볍다는 이유로 항소를 제기했지만, 법원은 이를 기각했다.

세월이 흘러 좀 달라지지 않았을까? 2020년에 노동건강연대는 KBS의 의뢰를 받아 2018~2019년 산업안전보건법 위반 사건에 대한 법원의 1심 판결문 671건을 전수 분석했다.[10] 자연인(528명)의 평균 벌금액은 458만 원, 법인(584개)은 505만 원이었다. 부상자 없이 노동자가 1명 사망한 경우, 자연인 피고는 평균 513만 원, 법인 피고는 533만 원을 선고받았다. 2008년 사건과 비교하면 그래도 10년 동안 '목숨값'이 5배 올랐다고 박수라도 쳐야 할까?

하지만 부상자 없이 노동자 4명이 사망한 사건에서 자연인 피고의 평균 벌금액이 500만 원, 법인 피고가 1,500만 원인 것을 보면 크게 달라진 것이 없었다. 전체 자연인 피고 1,065명 중에서 금고와 징역 등 실형을 선고받은 사람은 총 21명으로 전체의 1.97퍼센트밖에 되지 않았다. 평균 수감 기간은 금고와 징역 모두 합해 9.3개월이었다. 또한 대부분의 판결에서 사업주보다는 현장의 안전보건관리 책임자를 엄하게 처벌했다. 이 실무자들이 실제 잘못된 '행위를 한' 책임자이고, 사업주는 양벌 규정에 따라 '간접적인 행위자'로만 처벌받기 때문이다.

그러나 건설노조 간부의 말대로, 이렇게 처벌을 받는 "현장 안전담당자나 원청 관리자 또한 사실은 실무 노동자에 불과" 하다. 이렇게 처벌 수준이 낮고 책임은 아래로 전가되니, 재발의 억지력은 낮아질 수밖에 없다. 개별 기업 처지에서 볼 때 재해는 드문 사건이지만 예방 시스템 구축에는 비용이 들어간다. 계산기를 두드려보면 예방 조치를 하지 않는 것이 합리적 결정이다. 비용의 '균형'을 맞출 수 있는 무언가가 필요해지는 지점이다.

노동자의 죽음은 '기업의 살인'이다

바로 이것이 중대법 제정을 요구하게 된 이유다. 2003년, 노동건강연대는 선로 보수 작업 중이던 비정규직 노동자 7명이 사망한 사건에 대해 '사고가 아니라 살인'이라고 진단하면서, 이후 '노동자의 죽음은 기업의 살인'이라는 구호를 외쳐왔다. 2006년부터는 민주노총을 비롯한 여러 노동단체가 모여 매년

'살인기업 선정식'을 가졌다. 그해에 가장 많은 사망자를 내거나 중대한 산재 사고를 일으킨 기업들을 지목하는 행사였다.

상식적으로는, 이렇게 망신을 당하고 나면 기업들이 산재에 주의를 기울일 것 같지만, 신기할 정도로 단골 수상자 명단은 좀처럼 바뀌지 않았다. 이런 상황에서도 화재, 폭발, 크레인 붕괴 같은 대형 산재 사고들이 연일 뉴스를 장식했다. 민주노총은 법률 개정 없이는 산재 문제를 해결할 수 없다고 판단했다. 2012년부터 직접 연구조사를 진행했고, 산재 사망 처벌 강화 특별법과 산재에 대한 원청 책임을 강화하는 산업안전보건법 개정안을 제출했다. 그러나 이러한 입법 운동은 별다른 성과를 얻지 못한 채 끝났다.

하지만 시민들이 변하고 있었다. 2008년 시작된 반올림 운동은 피해 노동자의 아픔과 대기업의 책임에 대한 시민들의 공감대를 이끌어냈다. 2010년 환영철강 용광로 추락 사고를 비롯해 너무하다 싶을 만큼 산재 사망사고가 잇따르면서 사람들의 생각이 바뀌어갔다. 2013년 5월 현대제철소에서 아르곤 질식으로 하청 노동자 5명이 사망했을 때에는 『조선일보』와 『매일경제』가 나란히 「대기업 연쇄 산재産災, '기업 살인'으로 처벌해야 정신 차릴 건가」(5월 11일), 「산재産災 사망 원도급

업체에 엄한 책임 물어라」(5월 13일) 등의 제목으로 사설을 내
보냈다.

중대한 계기는 노동 바깥에서 나타났다. 2014년 세월호 참
사, 2011년 이후 확인된 가습기 살균제 피해 등이 공론화되면
서 노동자 안전에 대한 기업의 책임 문제가 시민과 소비자의
안전 이슈로까지 넓어졌다. 중대법 논의는 이제 '노동' 의제에
서 '사회적' 의제로 확장되었다. 사실 한국 사회에는 이전에도
대구지하철 화재(2003년), 삼풍백화점 붕괴(1995년), 성수대교
붕괴(1994년) 같은 대규모 사회적 참사가 여러 번 있었지만 기
업의 책임을 묻는 '사회운동'으로까지 이어지지는 못했다.

그러나 그동안의 '기업살인법 운동'은 소비자와 시민 안전
에 대해서도 기업의 책임을 요구할 수 있는 토대가 되었다. 마
침내 2015년, 중대법 제정을 위한 '제정연대'가 결성되었다.
2006년 '살인기업 선정식' 준비 과정에는 노동건강연대, 매일
노동뉴스, 민주노동당, 민주노총, 한국노총 등 노동 단체와 진
보정당만 참여했다. 하지만 2015년의 제정연대에는 416연대,
가습기 살균제 피해자와 가족모임, 안전사회시민연대 등 22개
시민단체가 함께했다.

이 같은 노동·시민 연대와 대중의 여론은 실질적인 사회

변화를 이끌어냈다. 2016년 서울 구의역 스크린도어 사건으로 청년 비정규직 노동자 김군이 사망했을 때, '이례적으로' 사업체에 벌금 3,000만 원이 부과되었고 원청 기업인 서울메트로가 조사를 받았다. 2013년 성수역, 2015년 강남역에서 거의 똑같은 사건이 일어났을 때는 기업 과실에 대한 수사가 제대로 이루어지지 않았다. 벌금도 직원 안전교육 부실을 이유로 부과된 30만 원이 전부였다. 2018년 겨울의 산업안전보건법 전면 개정안 통과 역시 이러한 사회운동의 성과물이다.

기업과 국가의 책임을 묻다

그러나 여전히 중대법으로 가는 길은 험난했다. 2017년, 고故 노회찬 의원이 의사결정 책임자인 법인·이사·원청에 대한 형사처벌과 징벌적 손해배상의 내용을 담은 법안을 발의했지만, 법사위에서 논의조차 하지 못한 채 끝나버렸다. 한국경영자총협회, 중소기업 사업주, 일부 전문가들은 중대법 제정에 강력하게 반대하며 한목소리로 외쳤다. '처벌만이 능사가 아니다. 산재 예방 시스템을 구축하는 것이 필요하다!'

　지당한 말씀이다. 노동·시민 사회단체들과 유가족들도 중대법이 만병통치약이라서 입법을 요구한 것은 아니었다. 실제로 '기업살인법'이 도입된 오스트레일리아·캐나다·영국 등은 선진국 중에서도 노동안전에 대한 규제가 상대적으로 미흡한 나라들이다. 노동자 안전으로 정평이 난 북유럽 복지국가들에는 이런 법률이 없다. 영국의 법학자 폴 아몬드Paul Almond는 이른바 신자유주의 체제에서 노동 안전·보건 규제가 규범적 가치를 소통하는 역할에 실패하면서 결국 형법을 통해 산재 사망 문제에 대한 규범을 바로 세우려는 움직임이 나타난 것이라고 설명하기도 했다.

말하자면 중대법은 하나의 분기점이다. 최소한 기업 측이 계산기를 두드렸을 때 안전에 투자하는 비용과 벌금을 부담하는 비용이 균형을 맞추도록 하자는 시도다. 처벌만이 능사가 아니라면, 이것 말고도 좋은 해결책이 이미 있다면 왜 여태까지 그 좋은 방법을 안 썼는지 도리어 물어야 한다.

중대법의 영세사업장 적용을 유예하자는 주장도 규제의 '현실성'이라는 측면에서는 일견 그럴듯해 보인다. 그러나 작은 사업장에서 일하는 가장 취약하고 산재 위험도 높은 노동자들의 목숨은 중요하지 않다는 이야기와 뭐가 다른가? 산재 문제는 결국 불평등 문제다. 영세사업장에 필요한 것은 적용

유예가 아니라, 이들이 안전한 작업장을 만들 수 있도록 지원하고, 이들에게 위험을 전가하는 원청의 책임을 강화하는 것이다.

1기 세월호 특조위 연구에 참여했던 대구지하철 화재 사건의 유족 한 분이 이런 이야기를 했다. "가장 큰 치유의 약은 뭐냐? 딱 하나라고 보거든요. '그 죽음으로 인해서 이렇게 세상이 바뀌었고 당신 자녀의, 당신 이웃의 죽음이 헛되지 않았어. 우리는 이렇게 기억할 것이고 이렇게 바꾸었어'라고 하게 되는 것이 가장 큰 선물일 거 같아요."[11]

이제 사업주가 안전·보건 확보 의무를 제대로 지키지 않아서 중대한 재해가 발생한 경우에 경영책임자 등은 1년 이상의 징역이나 10억 원 이하의 벌금을 처분받을 수 있게 되었다. 법률이 제정되자마자 대기업과 공공기관들은 앞다투어 안전·보건 전담 조직을 만들었고, 대형 로펌들은 노동부와 산하 공공기관의 공직자들을 대거 영입해 새로운 시장에 대비했다. 언론도 인명 사고가 터지면 중대법 적용 사항인지 따져보기 시작했다. 일단 노동자의 생명과 안전에 이렇게 민감해졌다는 것 자체는 긍정적 변화라고 말할 수 있다.

하지만 변화가 너무 더디다. 중대법만 제정되면 당장 산재가 획기적으로 줄어들 것이라고 기대한 것은 아니었지만 말이다. 떨어짐, 깔림, 끼임 등 소위 '재래형' 사고성 재해로 사망하는 노동자의 행렬이 좀처럼 멈추지 않고 있다. 이는 강력한 처벌이 효과가 없다는 것이 아니라, 그것만으로는 여전히 충분치 않다는 것을 말해준다. 우리 사회가 오랫동안 유지해왔던 생산 체제, 안전·보건 규제 체제의 근본적 개혁 없이는 오래된 산재 문제를 결코 해결할 수 없다. 이제 겨우 한 걸음을 떼었을 뿐이고, 굉장히 어려운 과제가 우리 앞에 놓여 있다(2022년 중대법 첫해 적용 대상 200여 건 중에서 재판에 넘겨진 것은 불과 11건이었다. 그해 산재로 목숨을 잃은 노동자는 644명이었다. 그리고 2024년 6월 아리셀에서 화재가 발생해 노동자 23명이 사망했을 때 아리셀 대표가 구속되었다. 이는 중대법 시행 이후 구속된 첫 번째 사례였다).

불안정한 노동이
건강 불평등을 심화시킨다

로봇이 모든 노동을 하는 '솔라리아 행성'

클래식 과학소설계 3대 천왕 중 1명으로 꼽히는 아이작 아시모프Isaac Asimov가 1957년에 발표한 소설 『벌거벗은 태양The Naked Sun』의 배경은 '솔라리아' 행성이다. 행성의 총인구는 2만 명으로 엄격하게 통제되며, 개인들은 각자의 거대한 영지에서 홀로 혹은 배우자와 함께 살아간다. 이렇게 적은 인구로도 사회가 유지될 수 있는 것은 로봇 덕분이다.

인간은 예술과 학문 같은 고차원적 정신활동에 집중하고,

모든 노동은 로봇이 도맡는다. 인간 1명이 로봇 약 1,000개를 거느리기에 가능한 일이다. 아주 예전에 이 소설을 읽었을 때는 무인 자동차, 홀로그램, 인공지능의 모습을 그려낸 상상력, 인간과 휴머노이드 로봇 탐정 콤비의 모험담에 마음을 빼앗겼다. 이 중 일부는 이미 현실이 되었고, 나머지도 SF 영화의 흔한 요소가 되었기에 오늘날 독자들은 특별한 매력을 느끼기 어려울 것이다.

솔라리아 행성은 독특한 곳이었다. 이곳에서 인간은 출생 직후부터 다른 사람과의 직접적 접촉을 피하도록 가르친다. 타인과 홀로그램을 통해 의사소통하고(조망하기viewing) 직접 만나는 일(보기seeing)은 극도로 제한된다. 사람을 직접 만나지 않는 이유는 질병이 전파될 수 있다고 생각하기 때문이다. 그래서 전통적인 방식의 임신은 모두가 꺼리는 더러운 일로 여겨지고, 환자와의 대면 접촉을 피할 수 없는 의사는 직업적 단련을 해야 한다. 심지어 소설 속 살인 용의자는 형사가 자신을 체포하러 찾아오자(사실은 휴머노이드 로봇이었지만) 타인과의 접촉이 두려워 스스로 목숨을 끊는다.

대면 접촉seeing을 피하기 위해 온라인으로 만나고viewing, 직접 만난다고 해도 서로 악수를 하지 않으며 항상 마스크(소설에서는 코 필터)를 착용했던 우리의 코로나19 일상은 솔라리아 행성인들과 닮아 있었다. 다른 점이라면, 우리는 그들처럼 나만의 넓은 영지를 소유하지 못했고 수많은 로봇을 거느리지도 못했다는 점이다. 인간을 노동에서 '해방'시켜 학문과 예술에만 심취할 수 있도록 해주는 로봇들은 아직 소설 속에만 존재한다.

현실에서는 비대면 시대를 열어갈 해결책으로 로봇을 이야기하는 사람들을 종종 만난다. 이를테면 격리병실에 의료진이 직접 들어가는 것은 위험하니 로봇으로 대체하는 방안을 마련하자는 것이다. 실제로 코로나19가 한창이었던 2020년에 한 대학병원은 원내 감염을 막기 위해 체온 측정과 간단한 문진을 할 수 있는 안내로봇과 무인 청소로봇을 도입했다고 발표했다. 터치스크린 접촉을 통한 바이러스 전파 가능성은 일단 덮어두더라도, 과연 이들이 감염 예방에 효과가 있을지 진심으로 궁금하기는 했다.

물론 지금은 그저 비싼 장난감처럼 보일지라도, 과학기술은 항상 예상을 뛰어넘는 속도로 발전해왔고, 언젠가는 솔라리아 행성처럼 되는 날이 올 수도 있다. 하지만 그 미래가 당장 내일, 다음 달, 내년이 아닌 것만은 분명하다. 그렇다면 우리는 무언가 다른 방안을 준비해야 한다.

돌봄 노동자와 택배 노동자

코로나19 감염증으로 격리병실에 입원한 환자가 있었다. 그는 원래 건강 상태가 양호했고, 호흡은 힘들지만 혼자 움직일 수 있었으며 의사소통에 전혀 문제가 없었다. 의료진은 격리병실 바깥에서 생체 징후를 모니터하고, 전화로 환자와 이야기를 나누며 지시사항을 전달했다. 의료진은 정해진 시간에 보호 장비를 착용하고 격리병실에 들어가 수액을 교체하거나 혈액 샘플을 채취하며 환자 상태를 직접 살폈다.

또 다른 환자가 있었다. 요양병원에서 이송된, 극도로 허약하고 혼자 거동할 수 없으며 의사소통마저 어려운 노인이었다. 그에게는 코로나19 치료만이 문제가 아니었다. 기저귀도 수시로 갈아주어야 하고, 욕창이 생기지 않도록 자세도 자주 바꾸어주어야 했다. 약 복용이나 식사할 때도 혼자 내버려둘 수 없었다. 환자는 몸에 부착해놓은 생체 모니터나 수액 연결 장치를 잡아떼기도 하고, 혼자 있는 게 싫다며 집에 가겠다고 화를 내기도 했다. 의료진은 침대 머리에 앉아 똑같은 이야기를 반복하며 설득하고, 가끔은 이러시면 안 된다고 단호하게 야단도 쳐야 했다. 얼굴을 씻기고 식사를 도와드리면서, 자식 자랑에 맞장구를 쳐주고, 외로운 마음을 토닥이기도 해야 했다. 의료진 처지에서 본다면, 환자와의 접촉 빈도나 강도 모두에서 이전 사례보다 감염 위험이 월등히 높아진다. 그러나 이런 환자야말로 어떤 로봇으로도 돌봄을 대신할 수 없다. 비대면 노동, 언택트untact의 시대를 불러온 질병은 역설적이게도 인간의 손길을 그 어느 때보다 절실하게 만들었다.

그렇다고 필수적 돌봄 노동이 그에 걸맞은 대우를 받는 것은 아니다. 예컨대 2020년 3월 중순, 청도대남병원에서 코로나19 환자를 돌보던 간병 노동자가 감염되어 사망한 일이 있었다. 그 자신도 당뇨병을 앓고 있던 77세의 간병 노동자는 경산에서 청도까지 와서, 최저임금에 미치지 못하는 급여를 받으며 일하고 있었다. 그러나 나이 든 여성 돌봄 노동자의 죽음은 크게 주목받지 못했다. 그해 4월 초, 코로나19를 확진받은 의사가 사망하자 첫 번째 의료인 희생이라며 추모의 물결이 이어졌던 것과 대조적이었다. 어느 죽음인들 경중이 있을까마는, 꼭 필요하지만 위험한 노동, 그러면서도 가장 대접받지 못하는 노동의 모습을 드러낸 쓸쓸한 풍경이었다.

언택트의 시대에 꼭 필요하지만 경시되는 노동은 돌봄에
만 한정되지 않는다. 사재기 없는 K-방역을 가능하도록 만들
었다는 택배 시스템도 그중 하나였다. 2020년 5월, 쿠팡 부천
물류센터에서 코로나19 집단감염이 확인된 직후 근무자에게
진단검사와 자가 격리를 안내하는 중앙재난안전대책본부의
'재난문자'가 전 국민에게 발송되었다. 제대로 된 일터라면 내
부 연락망을 통해 직원들에게만 공지하면 될 일이었다. 이를
왜 전 국민에게 알려야 하나? 아마도 일용직·임시직 노동자들
의 연락처를 파악하는 동안 급한 마음에서 그랬던 것이리라.
당시 부천시 발표에 따르면, 이 물류센터에서 일하는 노동자
총 3,673명 중 정규직은 98명에 불과하고 계약직이 984명, 일
용직이 2,591명이었다.

일용직 노동자들은 초단기로 일하며 작업장 안에서 여러
장소를 옮겨 다니는 경우가 잦았고, 이곳 말고 또 다른 일터에
서 임시직 일자리를 병행하는 경우도 많았다. 워낙 노동 강도
가 높아서 마스크를 쓰고 작업하기란 쉽지 않았으며, 작업화와
작업복은 여러 사람이 돌아가며 사용했다. 노동자는 동화 속
일개미처럼 번호로 불리면서 일을 하고, 어제 나왔던 이가 오
늘 안 나와도 별일이 없었다. 정부가 권고하는 아프면 3~4일

쉬기? 문제 없다. 일하겠다는 사람들은 어차피 줄 서 있고, 아파서 못 나가면 자신만 손해지 아무도 관심을 기울이지 않는다. 병가를 주어야 하는 책임, 고용을 보장해야 하는 책임, 노동자를 '관리'해야 하는 책임에서 회사는 자유롭다. 이런 위태로운 노동을 발판 삼아 우리는 자랑스러운 K-방역을 일구어낸 것이었다.

전근대를 재현하는 탈근대의 노동시장

코로나19 이전에도 한국의 노동환경은 시대를 '초월'한 곳이었다. 현장 노동자들이나 활동가들의 이야기를 듣다 보면 내가 산업자본주의 초기 어느 시대에 툭 던져진 것 같은 느낌이 들기도 했다. 근대적 계약, 사업주의 노동자 관리, 노동자의 집합적 권리의식, 노동법 등이 아직 탄생하기 이전 시대 말이다. 그런데 동시에 탈근대적이기도 하다. 보편적인 구조와 안정적 질서라고 생각했던 것들이 사라지고, 흩어진 개인들만 남아 있다는 점에서 그렇다. 전근대와 탈근대의 기묘한 공존은 노동자들의 건강과 생계를 위험하게 만들고 있다.

이를테면 2016년에 일어났던 메탄올 중독 실명 사건은 여러모로 상징적이었다.[12] 21세기에 노동자들이 메탄올 중독으로 실명에 이르렀다는 사실 자체도 충격이었지만, 노동자가 결근했는데 회사에서 연락조차 하지 않았다는 것이 더 이상했다. 노동자에게 장기적으로 투자한 것도 없고, 그렇다고 인간적인 관계를 맺은 것도 없고, 그저 파견업체를 통해서 다른 노동자를 데려오면 그만이니까 가능한 일이었다. 같은 작업장 노동자끼리도 서로 연락처를 모르는 일이 흔했고, 문제에 대한 정보가 공유되지 못했다.

그러다 보니 한 피해자는 최초 피해 사례 이후 언론에서 이 문제가 대대적으로 보도된 지 몇 달이 지나서야 자기가 일했던 곳에서 실명을 경험한 사람이 있다는 '풍문'을 전해 듣고 자신의 문제를 제보했다. 당시 피해 노동자들은 공통적으로, 자신들이 산재보험에 가입하지 않았기 때문에 산재보험을 신청할 수 없다고 생각했다. 보험료도 안 냈는데 산재를 신청하면 범죄가 되는 것 아니냐는 걱정까지 했다. 산재보험은 기업주가 가입하는 것이라는 사실을 이들은 처음 알게 되었다.

거제 조선소 물량팀 노동자에게서도 믿기 어려운 이야기를 들었다. 그는 조선소에서만 15년 동안 용접과 보온 작업을 해온 베테랑이었는데, 한 번도 건강보험 '직장가입자'였던 적이 없다고 했다. 일하다 다친 적도 여러 번이었지만, 당연히(!) 한 번도 산재를 청구한 적이 없었다. 그나마 회사와 싸워서 '공상公傷' 처리를 한 적은 있다고 했다. 한창 조선소 경기가 어려웠던 2015~2016년에는 임금을 들고 잠적해버리는 물량팀장들 소문에 마음고생이 이만저만 아니었다고 했다. 모두 21세기 상황이다.

파편화된 노동은 플랫폼 노동에서 더욱 두드러진다. 코로나19 간담회에서 만났던 퀵서비스 노동자는 이 일을 시작했던 초기에는 지금과 모습이 달랐다고 말했다.[13] 업체 간에 주문 플랫폼을 공유하기는 했지만 일단 각자 소속된 사무실이 있었다. '사장님'이 "얘는 우리 기사"라고 하면서 가끔 야유회도 같이 다녔다는 것이다. 하지만 지금은 소속 업체가 없었다. 노동자 1명이 30군데 중개업체와 연결되어 일을 할 수도 있다. 프로그램 수수료만 낸다면 몇 군데를 뛰든 업체도 상관하지 않는다. 노동자는 수 초 단위로 뜨는 주문을 하나라도 놓치지 않기 위해 월 1만 6,500원의 사용료를 내는 프로그램 수십 개를 설치한다.

"5초에 콩알만 한 빵 하나씩 떨어지는 건데, 5초를 기다려야 먹을 수 있는 건데, 10대를 꽂아놓으면 쉬지 않고 계속 주

116

워 먹을 수 있는 거예요. 어떻게 하겠어요, 배고픈 우리는. 계속 주워 먹을 수 있는 걸 택하겠죠." 소속 회사가 없으니 '해고'도 존재하지 않는다. 중개업체에서 벌점을 매겨 기사의 스마트폰에 주문이 뜨지 않도록 조치해도, 노동자는 이런 사실을 모른 채 그저 기다릴 뿐이다. 아프면 3~4일 쉬기? 당연히 가능하다. 기업에는 어떤 보호도, 보장도, 책임도 없으니 말이다. 라이더유니온 위원장은 자신들의 노동을 보면 근로기준법이 왜 제정되었는지, 최저임금제도가 왜 도입되었는지, '취업규칙 불이익 변경 금지'라는 개념이 왜 생겨났는지 쉽게 이해할 수 있다고 말했다. 초기 자본주의 발전의 역사를 오늘날 노동자들이 재현하고 있는 것이다. 다만 기술을 활용해 좀더 세련되게!

노동의 사회적 가치

대학 시절, 선배들은 비장한 각오로 공장에 위장취업했던 1980년대의 무용담을 들려주었다. 지금처럼 파견노동이 활성화되었다면 위장취업은 훨씬 쉬웠을지도 모른다. 어차피 이름이나 학력, 개인의 사연에 아무도 관심 없을 테니 말이다.

그렇다고 기업에 필요한 관리와 감시까지 소홀해진 것은 아니다. 기술 덕분이다. 콜센터 근무 자료를 보면 개인 노동자마다 응대한 콜 수와 평균 응대 시간, 화장실 다녀오느라 자리를 비운 시간까지 초 단위 통계가 매일 기록된다. 퀵서비스 중개업체들도 GPS를 모니터하며 기사의 동선을 추적하고, 벌점제도를 통해 기사에게 열람되는 일감을 통제한다. 하청 노동자에게 건강보험과 산재보험을 적용해주지 않는 조선소도 노조운동의 낌새가 보이는 블랙리스트만은 철저히 관리한다.

힘든 일자리라서 노동자들이 떠나면 수요와 공급의 법칙에 따라 임금이 오르거나 노동환경이 개선되는 것이 타당하겠지만, 현실은 그렇지 않다. 간호대학 졸업생 수는 크게 늘어나도 병원의 간호 인력 부족은 여전히 심각하다. 노동환경이 좀처럼 개선되지 않으면서 노동력 유입만큼이나 떠나는 사람이 많기 때문이다. 농어촌을 떠나는 젊은이를 붙잡기 위해 일자리의 질을 개선하기보다 이주노동자로 빈자리를 채우고, 그러면서 예전보다 노동환경이 더욱 열악해진 곳도 있다.

코로나19 유행이 막 시작된 2020년 2월, 국제통화기금 소속 경제학자들은 사스, 조류독감, 메르스, 에볼라, 지카 등 주요 감염병 유행이 지날 때마다 해당 국가들의 불평등이 심해졌다는 연구 결과를 발표했다.[14] 코로나19 팬데믹에서도 전례 없는 대규모의 사업장 폐쇄와 더불어 일자리가 사라졌다. 저임금 미숙련 노동자일수록 재택근무가 불가능한 업종에 종사하기 때문에 그 영향이 더욱 컸다. 연구진은 다른 모든 조건이 동일하다면 코로나19 팬데믹 이후의 불평등 심화는 이전 어떤 유행보다 더 심각할 것이라고 예측했다. 한국 사회에서도 이러한 예측은 현실이 되었다.

그래도 코로나19 유행이 가져온 긍정적 측면이라면, 사람들로 하여금 우리 사회의 폭주를 한 번쯤 돌아보게 만들었다는 것이다. 요양병원에서, 콜센터에서, 물류센터에서 잇따라 문제가 터졌고, 우리의 일상을 유지하는 돌봄 노동과 그림자 노동에 대해서 생각해보게 된 것이다. 모두 집에서 노트북으로 작업하고 화상회의를 하는 동안, 농사는 누가 짓고, 인터넷 회선과 서버, 전기와 수도는 누가 관리하며, 두루마리 휴지와 마스크, 손 세정제는 누가 만들고, 그 배달은 누가 할 것인가? 모두가 사람을 멀리한다면, 환자는 누가 돌보고, 어린아이들과 노인들은 누가 돌볼 것인가?

로빈슨 크루소Robinson Crusoe가 아닌 이상 인간은 서로의 노동에 의존하며 살 수밖에 없다. 중장년 남성들의 인기 프로그램인 MBN 〈나는 자연인이다〉에 소개된 '자연인'도 도시에 사는 아내가 가져다주는 김치와 발전기로 돌리는 냉장고를 이용해 살아간다. 우리가 의존할 수밖에 없는 노동, 우리 사회를 움직이게 해주는 노동이라면 그러한 노동을 존중하고 보답하는 것은 마땅하다.

초보 연구자 시절, 돌봄 노동자들을 인터뷰하면서 당황한 적이 있었다. 요양 서비스를 제공하러 가정을 방문했는데 밭에 고추를 심으라 하고, 치매 노인이 자신의 돈을 훔쳐갔다며 손찌검을 하고……. 말도 안 되게 부당한 사연들을 들으면서, 나는 그 노동자들이 생계 때문에 어쩔 수 없이 일을 계속하는 것이라고 생각했다. 그러나 그것은 진실의 일면이었다. 선택의 여지가 없는 생계 수단이기도 했지만, 많은 돌봄 노동자가 자신의 일, 노인과 환자, 아이들을 진심으로 사랑하고 있었다. 그들에게 필요한 것은 '이런 일 당장 그만두라'는 충고가 아니라, 소중한 노동에 걸맞은 존중과 보상이었다.

미국 사회학자 리처드 세넷Richard Sennett은 『신자유주의와 인간성의 파괴』에서, "우리가 왜 인간적으로 서로를 보살피며 살아야 하는지 그 소중한 이유를 제시해주지 못하는 체제라면 자신의 정통성을 오래 보존하지는 못할 것"이라고 말했다.[15]

지금 필요한 것은 로봇, 인공지능, ICT, 플랫폼 노동이 아니라, 인간 존재의 상호 의존성을 인정하면서 노동의 사회적 가치를 재조명하고, 노동을 보호하는 것이어야 한다.

병원의 안전을 지키는
그림자 노동

기업이 비정규직을 선호하는 이유

2019년 초여름, 비정규직 노동자 30여 명이 서울대병원 앞마당에 모여서 기자회견을 열었다. 나도 '노동건강연대 집행위원' 자격으로 연대 발언을 하기 위해 참석했다. 이들이 모인 곳은 개원 행사에 이토 히로부미伊藤博文도 참석했다는 서울대병원의 모태 '대한의원' 본관의 유서 깊은 시계탑 건물과 그해 3월에 문을 연 최첨단 '대한외래' 건물 입구 사이였다. 고전과 현대를 아우르는 이 역사적 현장에서 110년째 보이지 않는 노동을 해온 이들이 목소리를 내고 있었다. 병원의 청소와 조리, 환자 이송, 설비 유지 같은 일들, 드러나지는 않지만 누군가는 꼭 해야 할 일을 묵묵히 해오던 이들이 땡볕 아래서 국립대병원 비정규직 노동자의 정규직 전환을 외쳤다.

2017년 5월, 촛불의 열망으로 당선된 문재인이 대통령에 취임한 후 가장 먼저 찾은 외부 기관은 인천국제공항공사였다. 그는 이곳에서 공공부문 비정규직 제로 시대를 열겠다고 약속했다. 그해 7월에는 공공부문 비정규직의 정규직 전환 가이드라인을 발표했다. 그러나 기자회견이 열리던 시점까지 국립대병원 비정규직 노동자 5,000여 명 중에서 정규직이 된 이들은 경남 양산 부산대병원의 240명밖에 없었다. 정부 발표대로라면 1단계 전환 대상자인 병원 노동자들은 2018년 상반기까지 정규직 전환이 마무리되었어야 했다. 하지만 국립대병원들은 움직이지 않았다. 왜 병원 노동자들은 정규직이 되어야 하며, 병원들은 왜 애써 정규직 전환을 거부했을까?(노동조합의 지속적 투쟁 끝에, 2019년 말 서울대병원은 환경미화, 소아 급식, 경비, 운전, 주차, 승강기 안내, 보안업체 소속 노동자 614명을 정규직으로 전환했다).

기업들이 비정규직을 선호하는 것은 비용이 적게 들기 때문이다. 이론적으로(!), 비정규직을 활용하는 것은 노동 수요의 변동 폭이 큰 업무나 자체 충족할 수 없는 전문적 기술 수요에 대응하기 위해서다. 하지만 현실에서는 상시 필요한 인력을 좀더 싼 임금으로 해결할 수 있기에, 노동 권익이나 안전보건 같은 각종 책임에서 벗어날 수 있기에 정규직 대신 비정규직을 고용한다. 병원이라고 다를 리 없고 한국만의 현상도아니다.

영국은 제2차 세계대전의 폐허 속에서 국립보건서비스NHS라는 유례없는 공공의료보장 체계를 만들어냈지만, 1980년대보수당 정부가 집권하면서 위협을 받기 시작했다. 작은 정부, 시장 원칙, 개인 책임을 강조했던 보수당 정부는 NHS 비용을줄이고자 했다. NHS에 대한 국민적 지지 때문에 전면 민영화를 할 수는 없는 상황에서, 먼저 1983년 세탁·조리·청소 같은병원 지원 서비스에 대해 경쟁입찰을 통해 외주화하기 시작했다.[16]

보수당은 공공서비스에서 '핵심'과 '비핵심' 기능을 분리하고, 정부는 핵심 영역에 집중하되 나머지는 시장에 맡기면 된다고 주장했다. 경쟁을 통해 비용을 절감할 수 있고, 계약 조건을 부과함으로써 서비스 질을 모니터링할 수 있다고 자신했다. 민간기업들에는 계약 갱신이 생산성 향상을 도모하는 인센티브가 될 것이라고 했다. 외주화는 단순히 비용 절감만이 아니라 유연성 향상과 더불어 혁신 역량을 증가시킨다는 주장이었다. 실제로 초기 연구를 보면 병원 지원 서비스의 외주화는 비용 절감에 효과가 있었다. 2010~2014년 잉글랜드 지역 병원들을 분석한 연구에서도, 청소 서비스를 외주한 경우 직영에 비해 병상당 연간 약 236파운드(약 35만 원)의 비용 절감 효과가 있었다. 과연 이것이 말로만 듣던 시장원리의 마법이란 말인가!

혁신은 노동자들을 쥐어짜는 것

하지만 그런 마법은 없었다. 1984년 10만여 명이던 NHS의 청소 노동자 숫자는 2004년 무렵 5만 5,000명으로 감소했다. 영국의 저널리스트 폴리 토인비Polly Toynbee는 2000년 즈음 용역업체를 통해 NHS 병원에 '위장취업'하여 환자 이송과 보조 업무를 실제로 체험하고, 이 경험을 『거세된 희망』에 소개했다.[17] 당시 토인비가 받은 임금은 놀랍게도 30년 전 비슷한 일을 했을 때보다 더 낮았다.

캐나다에도 비슷한 일이 있었다. 아름다운 도시 경관으로 유명한 밴쿠버시가 속해 있는 브리티시컬럼비아주는 정부 재정 절감을 위해 2003년에 청소·세탁·급식 같은 병원 지원 서비스를 외주화하기로 결정했다. 사실 캐나다의 공공부문은 여성 노동자의 4분의 3이 조합원일 만큼 노동조합 조직률이 높고, 지난 30년 동안 단체교섭과 제도 개선 노력을 통해 상당히 괜찮은 일자리를 만들어왔다.

그런데 외주화는 이러한 성과를 무위로 만들었다. 실제로 2003년 외주화 직후 대규모 입찰을 통해 계약을 따낸 한 다국적기업은 노동자 시급을 시간당 18달러에서 9달러로 깎고, 단체협약으로 정했던 건강보험 부가 급여와 연금도 삭감했다. '유연한 노동'이라는 명목으로 풀타임 노동을 파트타임 노동으로 전환하기도 했다.[18]

외주화를 통한 비용 절감은 거창한 혁신이 아니라 단순한 셈법에서 나온 결과였다. 사람의 손으로 해야 할 일은 변함없고, 중간에 끼인 하청업체나 파견업체의 관리 수수료와 영업 이익까지 챙겨야 하는데, 무슨 빼어난 혁신이 있어서 비용 절감이 가능하겠는가? 그저 노동자를 '혁신적으로' 쥐어짜는 것만이 유일한 해법이다. 물론 이런 직접비용 절감만이 외주화의 목표는 아니다. 원청과 하청 기업 사이의 관계가 합리적 경제 행위자들 사이의 대등한 계약이라고 생각하는 사람은 아마도 없을 것이다. 원청과 하청 사이의 불평등한 권력구조는 이른바 '갑질'의 토양이다.

브리티시컬럼비아주에서 이루어진 병원 지원 서비스의 외주화 이후 노동자들의 근로환경이 악화되어 혹시 산재가 늘어난 것은 아닌지 살펴본 연구가 있다. 이는 2001~2008년 동안의 산재 보상 자료를 분석했는데, 예상과 달리 부정적 효과는 별로 없었다. 외주화 이후 노동자의 재해율, 재해로 인한 업무 손실 일수는 오히려 미미하게 줄어들었고, 재해로 인한 비용도 유의미하게 감소한 것으로 나타났다.

연구팀은 이러한 결과를 이해하기 위해 외주화를 실행한 곳과 직영을 유지한 병원의 노동자들을 대상으로 심층 면담을 시행했다. 노동자들은 외주든 직영이든, 그동안 병원 규모가 확장되는 것만큼 인력이 늘어나지 않았으며, 퇴사한 노동자의 후임이 제대로 충원되지 않아 업무량이 늘어났다고 응답했다. 또한 공식적으로는 산재가 발생하면 적극적으로 보고하라고 장려하지만, 외주업체 노동자는 일자리 불안정성과 관리자의 압박 때문에 그렇게 하기 어렵다고 했다. 외주화 이후 산재 건수는 줄어들었지만 재해당 평균 요양 일수가 늘어난 것은 비교적 경미한 산재는 아예 보고하지 않았을 가능성을 시사했다. 또한 파트타임 노동이 늘어나고 저임금 때문에 부업을 하거나 이직하는 노동자가 늘어나면서 해당 사업장에서 산재 청구를 고려하는 것 자체가 줄어들었다는 지적도 나왔다.[19]

2019년 당시 서울대병원은 하청 노동자를 직접 고용하는 것이 아니라 '자회사'로 전환하려고 했다. 서울대병원이 노·사·전문가 협의체에서 직접 밝힌 바에 따르면, 간접고용을 해야 파업이 일어나도 대체인력 투입이 가능하다는 것이 중요한 이유였다. 또한 정권이 바뀌면 노동정책도 달라질 수 있는데 지금 직접고용을 해버리면 그때 가서 다시 외주화하기 어렵다는 것도 이유였다. 외주화와 간접고용을 선호하는 진짜 이유를 알려주는 대목이다.

슈퍼 박테리아 급증과 청소 인력 외주화

서울대병원의 이러한 태도는 역설적으로 '그림자 노동'인 병원 지원 서비스가 얼마나 중요한지 깨닫게 해준다. 병원에서 환자를 직접 돌보는 의사·간호사 같은 의료 인력의 중요성이야

누구나 인정하지만, 이들이 양질의 서비스를 제공할 수 있는 환경을 만드는 것은 그림자 노동의 몫이다. 이를테면 수술실과 병동의 청소와 소독을 담당하고, 주사기를 비롯한 위해危害 폐기물을 처리하고, 당뇨나 심각한 알레르기가 있는 환자, 씹는 기능에 문제가 있는 환자, 병원 의료진과 방문객에게 식사를 제공하는 노동자들 말이다.

청소 노동자, 조리 노동자, 전기와 설비를 담당하는 노동자, 환자를 이송하는 노동자들이 어느 날 갑자기 모두 병원에서 사라진다면 과연 어떤 일이 벌어질까? 난장판이 된 수술방, 복도와 병실마다 수북이 쌓인 빈 수액병과 주사기, 피 묻은 거즈와 환자복, 더러워진 시트, 꼼짝없이 배를 곯고 있는 환자들 사이에서 역시 끼니를 거르고 미친 듯이 뛰어다닐 간호사와 의사들의 모습……. 어쩐지 전쟁영화의 한 장면 같다. 이렇게 극적인 모습은 아니더라도 병원의 그림자 노동, 특히 청소와 청결이 환자 안전에 중요하다는 점은 실증 연구를 통해 확인된 바 있다.

영국에서는 1990년대부터 병원 감염이 중요한 보건의료 이슈였다. 이는 병원 환경 청소, 손 위생, 항생제 사용 수준, 환자 특성, 병상 점유율, 병원 내 환자 이동성 등 여러 요인과 관계 있는데, 언론은 특히 '더러운' 병원 문제에 초점을 두었다.

이를테면 BBC는 1980~1990년대 이른바 '슈퍼 박테리아'로

알려진 '메티실린 내성 황색포도상구균MRSA'이 급증한 시기가

많은 병원에서 청소 서비스를 외주화해 인력이 절반으로 줄어

든 때와 일치한다는 점을 지적했다. 영국 정부가 2007년에 발

표한 가이드라인도 열악한 환경 위생이 병원체 전파에 기여했

을 것으로 추정했다. 우려의 목소리가 높아지면서, 2008년 영

국왕립간호협회는 병원 청소 업무를 다시 직영으로 전환해야

한다고 촉구했다.

실제로 스코틀랜드 NHS는 병원 감염을 줄이기 위해 청소

업무 직영화를 실행에 옮겼고, 웨일스와 북아일랜드에서도 외

주화를 중단했다. 그럼에도 청소 업무 외주화가 정말 병원 감

염 위험을 증가시키는지에 대해서는 논란이 있었다. 2017년

에 발표된 논문은 바로 이 문제를 다루고 있다.[20]

영국 옥스퍼드대학 연구팀은 2010~2014년 청소를 외주화

한 51개 병원과 직영을 유지한 75개 병원의 병원 감염 MRSA

발생률, 환자가 인식한 병원의 청결도, 손 씻기 시설의 가용성

을 비교했다. 그 결과 청소를 외주화한 병원의 평균 MRSA 발

생률은 10만 병상일(병상×일수)당 2.28건으로 직영을 유지한

병원 1.46건에 비해 약 50퍼센트 높았다. 환자들이 인식하는 병실과 화장실의 청결도 또한 비록 차이가 작기는 하지만 직영 병원에서 높은 점수를 받았고, 손 씻기 설비도 직영 병원에서 더 많았다. 병원 감염에 영향을 미칠 수 있는 제3의 요인들을 고려한 뒤에도 병원 감염 MRSA 발생률은 청소 업무를 외주화한 병원에서 유의미하게 높았다.

'직접비용'의 절감이 가져온 대가

병원 감염 위험성을 보여주는 구체적 사례도 있다. 2008년 8월, 캐나다 밴쿠버의 한 병원에서 환자 64명이 클로스트리듐 디피실리균clostridium difficile이라는 장내세균에 감염되어 이 중 8명이 사망하는 사건이 벌어졌다. 보건 당국의 역학조사 결과, 이 병원에는 손 씻기 설비가 부족했을 뿐 아니라 청소업체가 계약 조건만큼의 충분한 청소 인력을 제공하지 않았고, 병원 청소의 특수성을 감안한 인력 훈련도 제대로 시행하지 않았음이 드러났다. 결정적 원인은 병원 감염을 막으려면 살균제를 1대 10으로 희석해야 하는데, 청소 노동자들이 이를 1대 1,000으로 희석해서 사용했다는 점이다.

청소를 외주화했다고 어떻게 이런 일이 벌어질 수 있을까? 외주화나 파견노동의 경우 현장에서 고용 관계와 업무 지시 관계가 복잡해지면서 효율적 작업이 어려워진다. 이를테면 특정 구역에서 MRSA 유행이 확인되면 즉각적인 추가 청소와 소독이 이루어져야 하는데, 청소 서비스가 외주화되면 즉각 대응이 어렵다. 병동 간호사가 외주업체 청소 노동자를 임의로 직접 통제하기 어렵기 때문이다. 또한 인력이 빠듯해서 근무시간 내에 정해진 일을 마치지 못하거나, 마감을 맞추기 위해 일을 대충 하는 경우도 생겨난다. 일을 서두르다 보니 정해진 규정을 지켜서 꼼꼼히 청소하거나 자신의 안전수칙을 지키는 것도 소홀해지기 마련이다.

게다가 외주 청소업체 노동자들은 저임금에 인력 부족, 열악한 노동환경에 시달리기 때문에 이직률이 상당히 높다. 집안 청소나 숙박시설 청소와 달리, 병원 청소는 상황에 따라 각기 다른 화학물질과 특별한 도구, 독특한 청소 방법을 활용해야 하며, 때로는 상당한 정도의 '계획'이 필요하다. 이를테면 MRSA가 발견된 병실을 물걸레로 이리저리 닦아서는 안 되고, 메르스나 코로나19 환자가 있던 방을 진공청소기로 청소해서는 안 된다. 병원체가 오히려 확산될 수 있기 때문이다.

또한 병원 청소를 하는 데에는 상당한 팀워크와 지식이 필요
하고, 현장에서 동료들에게 일을 배우며 경험을 쌓는 것도 매
우 중요하다. 이직률이 높고 팀워크가 깨지면 이런 것들이 모
두 불가능해진다.

결국 청소 서비스의 외주화는 청소 노동자 자신의 임금, 고
용 안정성, 안전·보건뿐 아니라 환자 안전이라는 병원의 가장
기본적이고 필수적인 책무를 다하지 못하는 결과로 이어질 수
있다. '직접비용'의 절감이 가져온 대가인 셈이다.

2015년 메르스 유행의 진앙이었던 삼성서울병원 사례를
기억하는 이들이 여전히 많을 것이다. 응급실을 통해 유행이
급격하게 확산되자 병원은 전 직원을 대상으로 이동 경로를
파악하고 증상 조사를 시행했다. 그런데 이 과정에서 환자 이
송을 담당했던 비정규직 노동자들이 누락되었고, 뒤늦게서야
'137번 감염자'가 확인되었다. 평소에는 보이지 않던 병원 비
정규직 노동자의 존재가 선명하게 드러난 사건이었다.

질 높은 병원 서비스라고 하면 흔히 더 높은 건물, 뛰어난
명의名醫, 최첨단 검사와 수술 장비를 떠올린다. 그러나 보이
는 곳이든 보이지 않는 곳이든 병원 구석구석을 반짝이게 만
들고, 환자와 의료진이 안전하게 치료받고 일할 수 있도록 만

드는 것은 병원 지원 서비스를 담당하는 노동자들의 몫이다.

좀더 청결하고 안전한 병원, 양질의 식사와 쾌적한 환경이 보장되는 병원을 기대한다면, 그림자 노동을 수행하는 노동자들이 안정적으로, 안전하게 일할 수 있게 해주어야 한다. 환자의 이해와 노동자의 이해가 일치하는 곳, 병원이야말로 노동자와 시민의 연대가 가장 이상적으로 구현될 수 있는 정치적 공간이다.

기업은 왜
건강을 외면할까?

뉴욕 시민은 '유모'를 원하지 않는다

한때 '건강 증진'이라는 단어가 부쩍 사람들의 입에 오르내렸다. 물론 부정적 측면에서였다. 2021년 초, 술에 건강증진부담금을 부과하는 문제로 시끄럽더니, 뒤이어 주류 옥외광고 금지 조치가 입법 예고되면서 불만의 목소리가 터져 나왔다. "'아이유·제니 간판 떼라고요?'…고깃집 사장님들 뿔났다"라는 식의 보도가 이어졌다.

얼마 후에는 가당加糖 음료에 건강증진부담금, 일명 '설탕세'

를 부과하는 법안이 발의되면서 소란이 일었다. 음료 100리터 당 당糖 함유량이 20킬로그램을 초과하면 2만 8,000원, 16~20킬로그램이면 2만 원 등 음료의 당 함량에 따라 차등적으로 부담금을 부과한다는 내용이었다. 이대로라면 콜라 250밀리리터 1캔에 27.5원, 1리터 페트병이라면 110원의 건강증진부담금이 부과되는 셈이다. 인터넷 기사에 달린 댓글은 부정적 의견이 다수였다. '가격 올린다고 소비가 줄어들겠느냐', '그렇게 확보한 건강증진부담금이 국민 건강 보호에 제대로 쓰이겠느냐' 같은 의심이 컸다. 국민 건강 증진은 핑계일 뿐, 세금을 더 많이 걷으려는 정부의 '꼼수'라는 지적이 빠짐없이 등장했다.

소수지만 좀더 근본적인 문제를 제기하는 이들도 있었다. 왜 정부가 개인의 선택, 개인의 사생활까지 간섭하느냐는 지적이다. 건강에 해로운 것들은 알아서 조심하면 될 일이고, 나쁜 생활습관을 가진 이들은 스스로 책임지면 될 일이지, 국가가 나서서 일률적으로 규제하는 것은 바람직하지 않다는 주장이다. '나는 나를 파괴할 권리가 있다'는 프랑수아즈 사강 Francoise Sagan의 유명한 진술도 있지 않은가? 인구집단 다수를 대상으로 하는 공중보건 정책들은 개인의 자유, 선택권 측면에서 종종 논란이 된다. 마스크 착용처럼 사회적 효용이 분명한 조치까지도 자유 침해를 이유로 거부하는 경우가 적지 않으니, 이보다 덜 분명한 조치들에 대해서 그런 반응이 나오는 것은 당연하다.

2012년 미국 『뉴욕타임스』에 게재되었던 전면광고는 이러한 관점을 상징적으로 보여준다. 이 광고는 건강 증진을 이유로 개인의 자유를 간섭하는 정부를 '유모 국가nanny state'에 비유했다. 당시 뉴욕 시장 마이클 블룸버그Michael Bloomberg는 비만 퇴치를 내세우며 식당과 카페테리아, 스포츠 경기장에서 대용량 사이즈의 가당 음료 판매를 금지하려고 했다. 이 광고는 '유모 블룸버그'가 대용량 가당 음료를 금지하고 나면, 다음에는 피자 조각의 너비, 햄버거의 크기, 베이글에 바르는 크림치즈 양까지 규제할 것이라면서, 뉴욕 시민이 원하는 것은 '시장'이지 '유모'가 아니라고 조롱했다.

어느 정도 수긍할 수 있는 비판이다. 하지만 자유와 선택에 대해 조금만 더 깊이 생각해보면 이게 그리 간단한 문제가 아니라는 점을 알 수 있다. 우리가 자유와 선택의 권리를 행사하려면 일단 선택지가 충분하고 선택할 수 있는 여건이 갖춰져야 하며 선택지에 대한 정보도 알려져 있어야 한다. 그런데 현실에서는 이 모든 것이 완벽하지 않다. 예컨대 술, 담배, 가당 음료가 건강에 좋지 않다는 것은 누구나 아는 상식 같지만, 구체적 내용으로 들어가면 그렇지 않다. 나는 다른 전공 분야의 박사학위 소지자 2명에게서 "술이 유방암에도 안 좋아요?", "식도암이 담배랑 관계 있어요?"라는 질문을 받은 적이 있다. 보건학 전공자들에게는 너무나 잘 알려진 내용들이다. 이런 상품들이 몸에 안 좋을 것이라고 막연하게는 알고 있지만, 실제 건강에 어떤 영향을 미치는지 소비자들은 충분히 알기 어렵다.

이들 제품 광고의 물량 공세, 사람들의 마음을 사로잡는 매력적 콘텐츠에 비하면, 건강 정보 메시지는 양적·질적 측면에서 상대가 되지 않기 때문이다. 맥주·소주·콜라 광고를 3초만 생각해보자. 브랜드를 대표하는 연예인 얼굴, 배경 장면이 쉽게 떠오른다. 하지만 신선한 야채와 과일, 건강생활과 관련한 캠페인은 애써 생각해도 기억에 남는 이미지가 없다. 또한 정보가 충분하고 지식수준이 높다고 해도, 개인의 건강 관련 행동이 자신의 자유의지에 의해서만 작동하는 것은 아니다. 선택지의 범위와 수준은 사회규범과 문화, 사회경제적 조건에 구속되어 있다.

좋은 행동과 나쁜 행동은 전파될 수 있다

2007년에 발표되어 현재까지 6,000회 가까이 인용된 니컬러스 크리스태키스Nicholas Christakis 교수의 논문은 이른바 '비만의 전파'를 다루고 있다. 이 연구는 1948년 이후 70년 넘게 진행 중인 '프레이밍엄 심장 연구Framingham Heart Study'에서 비롯되었다. 장기간 반복적으로 조사를 수행해야 하는 지역사회 코호트 연구의 특성 때문에 조사원들은 다음 가정 방문 때 연구 참여자와 연락이 닿지 않으면 누구한테 연락해야 하는지를 물어보았다. 참여자들은 배우자나 형제자매, 혹은 동네에서 친하게 지내는 이웃의 이름과 연락처를 알려주었다. 이 정보는 연구 주제와 무관한, 조사 수행의 편의를 위한 것이었지만 장기간에 걸쳐 연구 참여자들의 사회적 네트워크를 파악할 수 있는 소중한 자료가 되었다.

니컬러스 크리스태키스는 이 자료를 활용해 32년 동안 꾸준히 상승한 비만율과 사회연결망의 연관성을 살펴보았다. 놀랍게도, 특정 기간 뚱뚱해진 친구를 가진 사람은 뒤이어 그 자신도 뚱뚱해질 확률이 57퍼센트나 높아졌다. 서로를 친구로 지목한 경우, 그 증가 폭은 171퍼센트에 달했다. 친한 사람으로 형제자매를 지목한 경우, 한 사람이 뚱뚱해지면 나머지 다른 형제도 그렇게 될 가능성이 40퍼센트 높아졌다. 배우자의 경우에도 한쪽을 따라 뚱뚱해질 가능성이 37퍼센트 늘어났다. 사회적 네트워크를 타고, 감염병이 전파되듯 비만이 전파된 것이다.

물리적 환경을 공유하는 배우자보다 친밀한 친구들 사이에 비만 전파가 더욱 뚜렷하다는 사실은 규범이나 생활습관, 사회심리적 요인의 중요성을 잘 보여준다. 사람들은 연결되어 있으며 그들의 건강 또한 그러하다. 좋은 행동도 나쁜 행동도 사회 네트워크를 통해 전파될 수 있다.[21]

개인 수준의 사회 네트워크뿐만 아니라 사회적 '규범'도 중요하다. 내가 대학을 다니던 1990년대에는 강의실에서 담배를 피우는 교수가 적잖이 있었다. 시외버스나 택시 기사가 승객들이 탄 차 안에서 담배를 피우는 일도 흔했다. 요즘이라면 스마트폰 카메라에 찍혀서 눈 깜짝할 사이 포털사이트 뉴스와 소셜미디어에서 '밈'이 되고도 남을 사건이다. 현재 담배를 피우지 않는 청년이 30년 전, 50년 전의 한국 사회로 시간여행을 떠난다면 그 역시 흡연자가 되어 현재로 돌아올 가능성이 크다. 사람은 그대로이지만 그를 둘러싼 규범과 문화, 규제가 다른 종류의 압력을 행사하고 다른 분위기를 만들어내기 때문이다. 인간은 사회적 동물이기에 '그때는 맞고 지금은 틀릴' 수 있다.

핀란드는 심장병 사망률을 어떻게 낮추었을까?

건강한 생활습관에서 사회 네트워크와 사회규범만큼 중요한 것이 사회경제적 환경이다. 핀란드의 사례가 이를 잘 보여준다.[22] 서구 사회가 경제적으로 풍요로워지면서 고열량 섭취에서 비롯된 심장병 유행은 세계 여러 나라에서 심각한 보건 문제가 되었다. 핀란드는 그중에서도 심장병 사망률이 특히 높은 나라였다. 날씨가 추우니 고지방 식품을 많이 섭취할 것이고, 자연환경이 척박해 신선한 야채와 과일을 쉽게 재배하거나 소비하기 어려운 것과 관련 있다. 핀란드 정부는 1960~1970년대에 심장병 발생을 줄이기 위해 시민들의 혈중 콜레스테롤 농도와 혈압을 낮추는 것을 정책 목표로 정했다. 이를 위해서는 시민들의 식생활을 변화시켜야 했다. 버터를 식물성 기름으로, 고지방 유제품·육류를 저지방 유제품·육류로 대체하고 야채와 과일 섭취를 늘리는 것이 핵심이었다.

어떻게 접근했을까? 당연히 보건교육과 캠페인을 진행했다. 특히 학교 중심의 보건교육을 통해 어린이와 청소년이 가정에 메시지를 전달할 수 있도록 했다. 그런데 교육을 통해서 올바른 건강 지식만 얻게 되면 사람들의 식습관이 저절로 바뀔까? 동네에 식물성 기름, 저지방 우유, 마블링이 적은 쇠고기, 신선한 야채·과일을 파는 곳이 없다면, 혹은 가격이 너무 비싸서 살 수 없다면 최신의 건강 지식이 무슨 소용일까? 경제적으로 풍족하고 시간과 마음의 여유가 있는 사람만이 비용과 수고를 마다하지 않고 건강한 식생활을 실천할 수 있었을 것이다.

그래서 핀란드 정부는 한 발 더 나아갔다. 국가 연구개발 사업을 통해 식물성 오일 생산 품종을 개발하고, 낙농업 보조금 정책을 변경해 지방 함량이 낮은 육류와 육가공품 생산을 촉진했다. 또한 핀란드의 척박한 환경에서도 잘 자라는 베리 berry 품종들을 발굴하고 농가에 보급해 생산을 늘렸다. 이런 사회적 노력에 힘입어, 1970년에 그야말로 0퍼센트였던 식물성 기름 사용률은 2009년 50퍼센트로 늘어났고, 1인당 버터 소비량은 1965년 18킬로그램에서 약 3킬로그램으로 줄어들었다. 이 시기 핀란드인의 심장병 사망률은 80퍼센트나 감소했다. '건강한 선택'이 '쉬운 선택'이 될 수 있도록 만들어준 사회적 접근 덕택이다.

실제로 접근성을 개선하거나 제한하는 환경적 조치 없이 보건교육이나 캠페인만으로 개인의 행동 변화를 유도하는 보건사업들은 효과가 없거나 사회경제적 불평등을 오히려 심화시키기도 한다.[23] 건강 정보에 접근하거나 이해하는 능력, 건강행동을 실행에 옮길 수 있는 사회적·경제적 자원과 여건이 불평등하기 때문이다. 그럼에도 우리 사회는 여전히 건강 유지에서 개인의 의지만을 중요하게 생각한다. 제대로 실천하지 못하는 개인을 탓하는 경우가 많다. 그렇기에 담배나 술, 가당 음료 제품에 대한 사회적 규제를 못마땅하게 혹은 불필요하게 여긴다.

건강이 기업에 의해 조종되고 있다

건강에 해로운 상품을 판매하는 기업들은 바로 이런 인식을 활용한다. 다만 직접 나서지는 않는다! 담뱃값·술값을 인상한다고 했을 때, 기업들이 직접 나서서 반대 의견을 표명하는 것을 본 적이 있는가? '설탕세' 부과 논란이 일었을 때, 반대 성명을 발표한 탄산음료 제조사가 하나라도 있었던가? 화학물질 관리법이나 중대재해처벌법이 발의되었을 때 기업들이 보인 적극적 반대 의사 표명과 비교하면 대조적이다.

건강 유해 상품을 생산하는 기업들은 전면에 나서지 않는다. 그 대신 제3의 연구조직이나 전문가를 앞세워 사람들을 '헷갈리게' 만든다. '현재의 역학연구에 이런저런 한계가 있다, 규제 효과가 불분명하다'고 물타기를 한다. 예컨대 담배가 폐암과 관계 없다고 주장하는 것이 아니라 실내 대기오염이 폐암에 중요한 작용을 한다고 주장하며 주의를 다른 곳으로 돌리는 식이다. 또한 담배 광고는 새로운 흡연자를 만들어내는 것이 아니라 기존 흡연자의 선호 브랜드를 바꾸는 역할을 할 뿐이므로 광고 규제는 흡연율 감소에 효과가 없다고 주장하기도 한다. 하지만 무역 개방과 함께 다국적 담배 기업이 진출해 적극적으로 마케팅을 벌인 신흥시장에서 흡연율은 어김없이 상승했다. 특히 청소년과 여성에게서 말이다.

마찬가지로 주류 기업들도 광고가 기존 음주자들의 브랜드 선택에 영향을 미칠 뿐이라며 청소년 보호 명목의 광고 규제는 효과가 없다고 주장한다. 그러나 미국의 한 연구에 따르면, 광고비 지출이 인구 1인당 1달러 늘어날 때마다 청소년 음주가 3퍼센트 늘어났다. 주류 산업은 알코올의 폐해를 줄이기 위해 올바른 정보 제공과 보건교육이 무엇보다 중요하다고 주장하지만 이는 알코올 소비 감소에 효과가 없다고 알려진 대표적 정책이다.

무엇보다도 건강 유해 상품을 생산하는 기업들은 '자유와 선택'이라는 수사를 사용해 소비자를 현혹한다. 2012년『뉴욕 타임스』에 '유모 블룸버그' 광고를 게재하며 소비자의 자유를 옹호한 '한 시민단체'는 사실 진짜 풀뿌리 시민단체가 아니라 미국 극우 보수주의 운동 세력 티파티Tea Party 조직인 '소비자 자유 센터'였다.[24] 이 단체는 담배 기업뿐만 아니라 코카콜라나 웬디스Wendy's 같은 식음료 업체들과도 관련이 있다. 주류 산업도 비슷하다. 연구조직과 풀뿌리 시민조직을 내세우면서 성인들의 자유로운 선택과 책임감을 강조한다.

이렇게 건강과 건강행동을 개인의 자유와 책임 문제로 다루면 그 원인을 개인 탓으로 돌리게 된다. 물론 개인의 의지가 중요하지 않다는 뜻은 아니다. 인간이 기업에 의해 조종되고 주변 사람들에 의해 좌지우지되는 허수아비 같은 존재는 아니지 않는가? 그러나 건강 증진의 본래 의미는 단순히 건강한 생활습관을 갖는 것이 아니라 '사람들로 하여금 자신의 건강에

대한 통제력을 높이고 증진시키는 과정'이다. 그렇게 하기 위
해서는 개인의 행태를 넘어 광범위한 사회적·환경적 중재가
필요하다. 건강 증진 정책은 기업의 공세, 지배적 소비문화,
사회경제적 환경의 조성을 둘러싼 정치 경제의 각축을 다루는
과감한 '정치'로 거듭나야 한다.

제3장

건강을
보호하지 못하는
'사회적 보호장치'

산재는 왜
근로복지공단의 문턱을 넘지 못할까?

노동과 자본 사이, 타협의 산물

인생 내내 꽃길만 걸어온 사람이라면 모를까, 자기 자신이든 주변 사람이든 일을 하다 다치거나 아팠던 경험이 누구나 한 번쯤은 있을 것이다. 성인 대부분이 하루의 가장 많은 시간을 보내는 곳이 일터이니 말이다. 나만 해도 전공의 때 지독한 몸살감기에 해열제를 계속 먹으며 일하다가 독성 간염에 걸린 적이 있다. 시험문제에도 곧잘 출제되는 전형적인 약물 과다 복용 부작용이었다. 당시 국제 학술 세미나 준비를 맡아서 해야 할 일이 산더미였고, 약의 성분 따위에 신경 쓸 겨를이 없었다. 심지어 간염 의심 증상이 나타나고도 설마 하며 하루를 더 버티다 결국 응급실을 찾았다. 검사 결과를 확인한 내과 전공의 친구가 화들짝 놀라 급히 입원 수속을 진행하며 말했다. "야, 이거 산재 아니냐?"

결론부터 말하자면, 당시 나는 산재보험을 청구하지 않았고 진지하게 고려하지도 않았다. 끙끙 소리가 절로 나올 만큼 아팠지만 입원해서 쉴 수 있다는 것만으로 만족했다. 일주일 입원한다고 임금이 깎이는 것도 아니고, 보복이나 해고를 당할 염려도 없었으며, 병원비가 엄청나게 많이 나온 것도 아니었기 때문이다. 무엇보다도, 병실에 모여서 수다를 떨던 전공의들에게 산재보험은 고단한 우리 처지를 보여주는 '웃픈' 농담의 소재일 뿐, 손에 잡히는 그 무엇이 아니었다.

아마도 많은 사람이 평소에 그랬으리라. "이거 산재 아니야?" 말은 쉽게 하지만, 실제로 산재보험 청구를 실행에 옮기는 사람은 많지 않다. 감기에 걸렸든 암에 걸렸든 건강보험은 '당연히' 적용된다고 생각하면서 말이다. 산재보험은 어쩌다 이렇게 콧대 높은 제도, 가까이 하기에는 너무 먼 당신이 되었을까?

노동자들에게 별 존재감이 없지만, 사실 산재보험은 전 세계적으로 가장 역사가 오래된 사회보장제도다. 1884년 독일 비스마르크Bismarck 정권에서 세계 최초로 시작한 이래 오스트리아·핀란드·프랑스·영국·이탈리아·노르웨이 등이 1890년대에 산재보험을 도입했다. 심지어 지금까지도 전 국민 건강보장제도가 없는 미국조차 1911년에 산재보험을 도입했다. 산재보험은 19세기 말에서 20세기 초, 급속한 산업발전과 더불어 성장한 노동자의 계급투쟁이 가져온 노동과 자본 사이 타협의 산물이었다.

국내에서도 산재보험은 가장 오래된 사회보장제도다. 1988년에 시작된 국민연금과 1995년에 시작된 고용보험과의 비교는 말할 것도 없고, 1977년에 도입된 건강보험보다 훨씬 이전인 1964년에 시작되었다. 군사독재정권에서 그 어떤 사회보장제도보다 산재보험을 먼저 도입했다는 것은 역설적으로 당시 산재 문제가 얼마나 심각했는지를 짐작하게 한다. 처음에는 500명 이상 규모의 광업과 제조업 사업장에만 적용되던 것이 지난 60년 동안 적용 대상도 늘어나고 보장성도 꾸준히 개선되었다. 그런데도 여전히 존재감이 없으며, 여전히 비판을 면하지 못하고 있다. 오랜 역사를 지녔지만 '근로자의 업무상 재해를 신속하고 공정하게 보상하며, 재해 근로자의 재활 및 사회 복귀를 촉진'한다는 목표에 여전히 근접하지 못한 탓이다.

산재 청구를 하지 마라

사실 그동안 제기된 산재보험의 문제점을 다 늘어놓으려면 책 한 권 분량도 모자란다. 여기에서는 2019년 노동건강연대와 아름다운재단이 시행한 '산재 노동자 지원사업'과 '산재보험 사각지대 해소 및 형평성 강화를 위한 연구' 경험을 토대로, 산재보험 신청 장벽의 문제를 간략히 소개해보려고 한다.[1] 산재보험 제도에서 아예 배제된 이들, 이를테면 가사·간병 노동자나 직원 5명 미만의 농림어업 사업장에서 일하는 노동자, 임의가입자 신분인 특수고용 노동자 이야기는 일단 미루어두겠다는 말이다. 우리는 주로 사고성 산재를 당하고 산재보험 청구 경험이 있는 노동자들의 이야기를 들으며, 이들 처지에서 어떤 문제점이 있는지 파악하고자 했다. 사실 연구 시작 전에는, 업무 연관성을 둘러싼 논쟁 때문에 산재 인정까지 수년씩 시간이 걸리기도 하는 직업병에 비하면 사고성 산재는 승인과 보상에 큰 어려움이 없을 것이라고 짐작했다.

　노동자가 산재보험 청구를 하는 데 통과해야 하는 첫 번째 관문은 사업주의 협조다. 이론적으로 산재보험은 피해 당사자가 국가(근로복지공단)에 청구하는 것이기에 사업주의 '허락'이 필요 없다. 2018년에는 사업주 날인 제도가 아예 폐지되었다. 그럼에도 현실에서는 여전히 어렵다.

　예컨대 조선소 하청업체에서 용접 일을 하는 A는 사고가 발생하면 원청업체에 보고해야 하고, 그러면 다음 해에 하청업체의 계약이 해지될 수 있다는 점을 잘 알고 있었다. "사고가 많이 일어난 회사는 아예 폐업을 시켜"버린다는 것이다. 그는 작업장에서 추락하는 큰 사고를 당했지만 이런 사정 때문에 산재보험 청구를 망설일 수밖에 없었다. 건물 외벽 청소를 하던 하청 노동자 B도 마찬가지였다. "경찰이든 소방서든 전화를 해버리면" 문제가 커진다는 점을 잘 알고 있었기 때문에 외벽에서 추락한 이후 기어서 엘리베이터를 타고 옥상까지 올라가 있다가 작업을 마치고 복귀한 동료와 함께 병원으로 향했다.

　산재가 발생하면 적극적으로 도움을 주는 사업주도 있지만, 은근히 혹은 대놓고 산재를 은폐하도록 압력을 넣는 경우가 적지 않다. '공상' 처리 약속은 단골 레퍼토리다. 죽을 때까지 책임질 테니 산재 청구를 하지 말라고 하지만 막상 치료가 길어지고 비용이 많이 나오면 회사는 다른 말을 꺼내기 시작한다. 노동자들은 그제야 산재 청구를 결심하는데, 대개는 회사와의 갈등이 깊어질 대로 깊어진 다음이다.

그나마 공상 처리라도 약속한 경우는 인간적인 축에 속한다. 계약직 노동자 C는 회사 계단에서 넘어져 발목 인대가 파열되었지만 산재보험 청구를 하지 못했다. 상급자가 병원으로 찾아와 산재 신청을 하면 해고하겠다고 협박했기 때문이다. "남편, 친정어머니, 딸이 있는 앞에서 그렇게 이야기를 하는데 어떻게 신청할 수가 있겠어요?" C가 이듬해 퇴직한 후에야 산재보험을 청구한 것은 그때 받은 모욕과 설움을 인정받고 싶기 때문이었다.

다친 노동자의 회사 출입을 막아서 근거자료 수집을 어렵게 만들고, 근로복지공단 측에 불리한 자료를 제출한 회사도 있었다. 수하물 하역 작업을 하다 허리를 다친 D는 회사가 출입증을 정지시키는 바람에 산재보험 청구에 필요한 자료를 확보하는 데 애를 먹었다. 그런가 하면 복지관 친선 축구대회에 참여했다가 인대가 손상된 노동자 E는 산재 불승인 판정 이후, 그 이유를 알고 싶어서 정보공개 청구를 했다가 깜짝 놀랐다. 회사 측이 제출한 자료에는 축구대회가 직원들의 자발적 친목 행사였으며 참가를 강제한 적이 전혀 없다는 내용이 담겨 있었다. 사실과 전혀 달랐다. 근로복지공단은 '근로자가 개인 휴가를 내고 자발적 의사에 의해 참여한 운동경기 중에 발생한 사고'였기에 업무상 재해로 인정하기 어렵다고 결론을 내렸다. E는 심한 배신감을 느꼈다.

회사가 가로막지 않아도 노동자들에게 산재보험 청구는 어려운 도전 과제다. '업무상 재해를 신속하고 공정하게 보상'하는 것을 목적으로 설립된 근로복지공단이지만, 모든 서류 준비와 절차는 노동자에게 전적으로 맡겨져 있기 때문이다.

어려운 처지의 노동자를 헤아려주지 않는다

파견노동자 F는 산재를 당한 뒤 공상 처리를 했다가 뒤늦게 산재보험을 청구했다. 근로복지공단은 무심하게 서류를 준비해오라고 했지만 소속되었던 파견업체는 이미 사라져버린 후였다. "회사가 잠수 탔는데 어디 가서 서류를 준비해야 할지" 난감할 뿐이었다. 복지관 축구대회에서 다쳤던 E는 행정 자료를 다루는 데 나름 능숙한 편이었지만, 병원에 입원한 상태에서 자료를 준비하기는 쉽지 않았다. "컴퓨터도 없고 핸드폰밖에 없고, 회사에 있는 게 아니니까 자료를 충분히 만족스럽게 제출할 수 있는 상황이 아니"었던 것이다.

게다가 산재가 많이 일어나는 영세사업장에 근무하는 노동자들은 행정 정보에 대한 접근성이나 이해가 부족한 경우가 많다. 건설 현장에서 물건을 옮기다 추간판탈출증이 생긴 G의 경험이 이를 잘 보여준다. 그는 근로복지공단에 전화를 걸어 산재보험 청구 절차에 대해 문의했지만 설명을 알아들을 수 없었다. "대화를 하는데 뭔 소린지 모르겠어요. 저도 말주변이 없다 보니까⋯⋯. 말도 못하겠고요, 무슨 소리인지도 모르겠고." 그는 "네, 알겠습니다" 하며 전화를 끊어버렸다고 했다. 항상 그 일을 처리하는 담당자한테는 익숙한 용어와 절차겠지만 보통 사람들에게 이런 신청 서식과 법령 용어는 외계어에 가깝게 느껴진다.

사정이 이렇다 보니 연구에 참여한 노동자 중에는 산재보험 처리가 어렵다는 주변의 이야기만 듣고 아예 신청을 포기해버린 경우도 있었다. 이들은 도움을 받을 수 있는 네트워크 자원도 부족한 경우가 많다. 지인 중에 법률이나 의료 전문가

가 있을 가능성이 낮고, 비용을 들여 전문가에게 의뢰하는 것
도 부담스럽다. "아무도 도와주는 사람이 없죠. 어디 가서 신
청해야 하는가 말로는 착착착 하지만. 누가 해주는 사람도 없
고, 물어보아도 제대로 대답도 안 해주고." 그러다 보니 이들
의 딱한 처지를 이용하는 '수상한 브로커'에게 당하기도 한다.
아름다운재단의 지원사업에 신청한 노동자 대부분이 생계비
뿐만 아니라 법률적 도움이 필요하다고 언급한 것은 바로 이
런 이유에서다.

 근로복지공단 창구에서 서류를 제출하는 노동자들은 이미
수많은 난관을 헤치고 여기까지 온 것이고, 많은 사람이 문턱
조차 넘어보지 못한다. 연구마다 결과는 조금씩 다르지만, 산
재 발생 시 산재보험으로 처리하는 비율은 평균 24~34퍼센트
에 불과한 것으로 추정된다. 그런데도 근로복지공단은 노동자
들이 어떤 노력을 들여서 이 서류를 준비했는지, 얼마나 고민
을 하며 서식을 채워왔는지에 별 관심이 없는 것 같다.

"기다리세요, 순서대로 처리합니다"

지난 몇 년 동안 보건학계에서는 '사람 중심 보건의료 서비스'

라는 개념이 확산되었다. 이는 '질병'이 아니라 '사람'과 '공동체'를 보건 체계의 중심에 둔다는 뜻이다. 사람들을 서비스의 수동적 수혜자가 아니라 능동적 참여자로 보며, 인간적이고 전인적인 방식으로 사람들의 필요와 선호를 반영하되, 이것이 가능하도록 사람들의 역량 강화에 노력을 기울여야 한다는 개념이다.

이러한 설명에 비춰본다면 현재의 산재보험 체계는 '사람 중심'과는 거리가 멀다. 절박하게 도움이 필요한 사람들, 도움의 타이밍이 무엇보다 중요한 사람들에게 '알아서 신청하세요, 홈페이지에 다 나와 있습니다. 기다리세요, 순서대로 처리합니다'라고 하면서 노동자의 사정 '따위'에는 일일이 귀 기울이지 않으니 말이다. 산재보험이 사람 중심의 사회보장제도라면, 그것이 없어도 전혀 어려움이 없는 사람, 제도의 미로를 능숙하게 잘 헤쳐 나가는 사람들이 아니라 앞에서 소개한 것과 같은 이들을 중심에 두고 서비스를 설계해야 한다. 역량이 있는 사람이나 없는 사람 모두에게 똑같이 대우하는 것이 '공정'은 아니다.

더글러스 애덤스Douglas Adams의 소설 『은하수를 여행하는 히치하이커를 위한 안내서』는 은하계 간 고속도로 건설을 위해 지구가 '철거'되는 것에서 이야기가 시작된다.[2] 어느 날 갑자기 지구 상공에 나타난 외계 우주선들이 철거 시작을 알린다. '이런 법이 어디 있냐'며 항의하는 지구인에게 그들은 답한다. "지구에서 겨우 4광년밖에 떨어지지 않은 알파 센타우리 항성 지역개발 부서 게시판에 모든 개발계획 지도와 철거 지시서를 지구 시간으로 무려 50년 동안이나 붙여놓았는데, 그동안 왜 아무 문제 제기도 안 하다가 이제 와서 놀라는 척하는지 모르겠다."

소설에서는 배꼽을 잡는 대목이지만, 현실 근로복지공단의 대응과 별로 다르지 않다는 생각에 이르면 씁쓸하다. 일터에서 산업재해를 경험할 위험성이 높은 이들일수록 법률·행정 용어로 가득 찬 안내 지침을 이해하기 어렵다. 산재 은폐를 강요하는 회사의 압력을 견뎌내기도 어렵고, 전문적 도움을 받을 수 있는 자원은 부족하다. 하지만 이들이야말로 산재로 인한 생계 위협에 가장 취약하고 산재보험이 가장 절실한 사람들이다.

"그래서 택시를 한 거예요. 택시는 그날 나가면 몇만 원이라도 벌어오니까. 진짜 쌀이 없었어요." "아침에 손을 들라고 해요. 잔업할 사람. 주간만 하면 돈이 안 돼요. 야간을 할 수밖에 없어요. 아니면 주말에도 풀로 나가든가. 그래야 돈이 되니까." "빚이 워낙 많았고 제 앞으로 압류 들어오는 게 많으니까 그래서 일을 두세 개 이상 할 수밖에……." 이런 상황에서 다쳤으니 당장 병원비나 생계비가 막막할 수밖에 없다. 산재보험제도는 더욱 친절해질 필요가 있다. '고객님 사랑합니다' 같은 입발린 친절함이 아니라, 정말로 '사람'을 '중심'에 두겠다는 의지 말이다.

건강보험 장기 체납자의
불편한 진실

우리 가족의 건강보험 애증사

한국의 건강보험은 비교적 짧은 시간에 성공적으로 전 국민에게 적용되었다. 1977년 시작되어, 불과 12년 만인 1989년에 전 국민 건강보험 시대가 열렸다. 또한 놀라운 사회연대의 힘으로, 갈라져 있던 보험 체계의 '통합'을 이루어내기도 했다.

이러한 성장과 발전에도 시민들이 체감하는 의료비 부담은 좀처럼 해소되지 않은 채 30여 년이 흘렀다. 오랜 시간 동안 건강보험이 존재했지만 국민들의 병원비 걱정은 끊이지 않았고,

'건강보험 보장성 강화'는 시민사회의 단골 요구였다. 역대 정
부들도 끊임없이 보장성 개선안을 내놓았다. 느린 개선이 답보
상태에 다다를 즈음, 문재인 정부는 이 문제를 획기적으로 진
전시키기 위한 정치적 발걸음, 일명 '문재인 케어'를 시작했다.

캐나다 의료보장제도인 메디케어의 역사를 다룬 책에서
한 할머니의 인터뷰를 읽은 적이 있다. 할머니는 의료보험이
없어서 병원 문턱을 넘지 못했던 옛날을 떠올리며 이제 메디
케어 없는 세상으로는 돌아갈 수 없다고 이야기했다. 부모님
병치레로 잔뼈가 굵은 나도 그렇다. 지금 젊은 세대에게 건강
보험이란 태어나 보니 원래 있던 것이지만, 예전에는 그렇지
않았다. 나만 해도 건강보험 가입 이력을 조회해보면 자료가
1988년부터 존재한다. 영세사업장에 다녔던 아버지가 아마도
그때부터 직장의료보험에 가입되고 나도 피부양자로 등록되
었던 같다. 그전에는 말하자면 '무보험자'였던 것이다. 돌이켜
보면 아버지가 처음으로 쓰러져 병원에 실려간 때가 1986년
이었는데, 그때 부모님들은 병원비를 어떻게 마련했는지 모르
겠다.

보건학 논문에서 자주 접하던 '재난적 의료비에 의한 빈곤'
은 어릴 적 우리 집 이야기였다. 1990년대 후반 수련의로 일

하기 시작하면서 비로소 직장의료보험 가입자가 되었고, 부모님을 피부양자로 올릴 수 있었다. 하지만 전공의를 마치고 연구교수로 '승진'하면서 나는 직장가입자 자격을 잃었다. 비정규직이었기 때문이다. 정규직인 전공의 때보다 임금도 낮아졌는데, 생계를 책임지는 처지에서 상대적으로 높은 지역가입자 보험료가 걱정이었다. 비단 돈 문제만이 아니라 멀쩡히 직장에서 일을 하고 있는데, 의료보험도 안 해준다는 것이 부당하다고 생각했다.

당시만 해도 비정규직 교원이 이토록 흔해지기 전이었고, 사회보험 가입과 관련한 제도가 정비되지 않은 상태였다. 대학본부의 담당 직원은 내가 직장가입자 자격을 유지하도록 도와주려 했지만, 이를 뒷받침해줄 규정이 없었다. 놀라운 것은, 내가 모교의 첫 연구교수는 아니었지만 그동안 건강보험 가입을 문의하거나 요구한 사람이 없었다는 것이다. 역시 공부는 부모나 배우자를 잘 만나 건강보험 가입 따위 걱정 없는 사람이 해야 한다는 것을 깨달았다. 내가 소속된 학과의 교수들도 이런 하찮은 문제에는 도움을 주지 않았다. 대학본부 담당자들을 설득하고 읍소한 끝에, 마침내 한 달 만에 규정이 보완되고 나는 의료보험 직장가입자 자격을 되찾았다. 내 후임은 (아마도 이런 사연을 모르겠지만) 자연스럽게 제도의 수혜자가 되었다.

건강보험은 그 뒤로도 우리 가족에게 애증의 대상이었다. 건강보험이 있어서 다행이지만, 건강보험에만 의존하기에는 부담이 너무 컸다. 아버지는 지병 때문에 민간보험에도 가입할 수 없는 상황이었다. 2009년 아버지가 심장판막 수술을 받았을 때는 단기간에 1,000만 원에 가까운 병원비를 내야 했다. 우리를 구원한 것은 신용카드 할부였다. 그 덕분에 그해 연말 나는 카드회사의 '우수 회원'이 되었고, 카드회사에서는 감사하다며 뉴욕·파리·도쿄의 미슐랭 맛집 가이드를 보내주었다.

생계형 장기 체납자들

건강보험의 보장성은 분명히 나아졌다. 2017년 어머니가 심각한 담낭염 합병증으로 입원했을 때, 총 진료비는 1,065만 6,767원이었는데 우리가 직접 부담한 돈은 395만 2,708원이었다. 건강보험에서 62.9퍼센트를 부담해준 것인데, 이는 당시 국민건강보험공단이 발표한 보장률 62.7퍼센트와 거의 일치하는 숫자였다. 그러나 400만 원은 여전히 큰 부담이었다.

2019년 아버지가 입원했을 때, 전체 진료비는 630만 4,288원이었고 우리가 직접 부담해야 하는 금액은 103만 4,625원, 건강보험 보장률이 무려 83퍼센트로 높아져 있었다. 선택진료비 항목이 0원이었고, CT 촬영 비용도 건강보험이 45만 5,652원을 부담하면서 우리는 4만 5,285원만 부담하면 되었다. 간호 간병료도 우리는 6만 3,864원을 부담하고 건강보험이 나머지 127만 7,280원을 부담했다. 우리가 직접 내야 하는 100만 원이 결코 작은 돈은 아니었지만(심지어 '중간' 정산이었다!), 보장률 변화를 실감할 수 있었다. 캐나다 메디케어 지지자 할머니처럼, 나도 이제 건강보험이 없는 시절은 상상할 수 없고, 절대 돌아갈 수 없는 사람이 되었다.

그런데 건강보험의 보호에서 살짝 비켜나 있는 이들이 있다. 생계형 장기 체납자들이다. 건강보험은 공적 사회보험이기 때문에 '능력에 따른 기여와 필요에 따른 혜택'이라는 원칙으로 작동한다. 소득에 따라 보험료를 다르게 부담하되, 그 혜택은 필요에 따라 동등하게 받는다는 것이다. 보험료를 내기 힘들 정도로 형편이 어렵다면 의료급여 수급자가 되어야 마땅하겠지만, 그 자격 기준이 여간 까다로운 게 아니다. 가처분소득을 기준으로 했을 때 상대 빈곤율이 15퍼센트 내외를 넘나

들고 있지만, 의료급여 수급자 비율은 수년간 변함없이 3퍼센트를 유지 중이다. 사정이 이러니 건강보험 가입자이면서 보험료를 제때 납부하지 못하는 체납자가 생긴다.

사실 '체납' 하면 대저택에 살면서 고급 승용차를 굴리는 부유층의 '도덕적 해이'가 바로 떠오른다. 국민감정이 좋을 리 없다. 나도 힘들게 세금 내고 보험료 내는데, 저들은 왜? 하지만 건강보험 장기 체납자의 다수는 그런 사람들이 아니다. 2016년 국정감사에서 윤소하 의원실이 발표한 자료에 의하면 6회 이상 건강보험료를 체납해 건강보험 급여를 제한받는 지역가입자는 134만 7,000세대였다. 이 중 90만 8,000세대, 약 67.4퍼센트가 월 보험료 5만 원 미만의 '생계형' 체납자였다.

시민건강연구소가 아름다운재단의 지원을 받아 수행한 연구에서도 비슷한 결과를 확인할 수 있었다.[3] 장기 체납자들의 누적 체납액을 체납 개월 수로 나누어 월평균 체납 보험료를 산출한 결과, 2015년 현재 중간값 기준 3만 1,000원, 평균 4만 7,000원에 불과했다. 2014년 비극적으로 생을 마감한 서울 송파 세 모녀 가정의 월 건강보험료가 4만 7,060원이었다고 하니, 이 정도 보험료를 체납하는 가구의 형편을 미루어 짐작할 수 있다.

물론 우리가 분석한 자료에는 극단적으로 월 수백만 원의 건강보험료를 체납한 사례도 있었지만, 전체 체납자의 50퍼센트는 월 3만 원 미만의 보험료를 못 내고 있었다. 월 보험료가 낮을수록 오히려 체납 횟수도 많아졌다. 장기 체납자들의 건강보험 가입 이력을 살펴보면 삶의 불안정성이 그대로 드러난다. 2015년 기준 장기 체납자 중에서 2002년 이후 자격 변동 한 차례도 없이 보험증을 유지한 경우는 7.1퍼센트에 그쳤고, 30퍼센트는 10회 이상 변동한 것으로 나타났다. 적은 보험료를 내는 직장가입자와 지역가입자를 넘나들고, 지역가입자인 경우에도 주소지가 자주 변경되고, 가입자와 피부양자 상태를 오가거나, 때로는 의료급여 수급자가 되었다가 다시 지역가입자가 되기도 했다.

이러한 통계는 면담을 통해 생생히 확인할 수 있었다. 한 40대 남성 체납자는 면담 당시 자활 근로 사업장에서 일하고 있었는데 평생 일을 했지만 한 번도 정규직으로 4대 보험(국민연금, 건강보험, 고용보험, 산재보험)에 가입해본 적이 없었다. 예전에 지역가입자로 월 2만 5,000원의 건강보험료를 내야 했는데 '하루 벌어 하루 먹고살다 보니' 내지 못하는 달이 자꾸 생겨났고, 이제 약 100만 원의 체납액이 쌓여 있었다. 빚을 내서

프랜차이즈 창업을 했다가 망하거나, 교통사고를 당해 갑자기 경제생활을 못하고, 암 수술 병원비 때문에 파산하고, 성인이 되자마자 부모의 빚과 건강보험 체납을 물려받는 등 체납에 이른 사연은 다양했다. 이혼 후 혼자 고시원을 전전하며 주소지가 자주 바뀌는 바람에 건강보험 납부고지를 놓쳐서 체납한 사례도 있었다.

통장이 압류되다

이렇게 소액의 건강보험료가 밀리기 시작하면 갑자기 소득 상황이 개선되어 체납 보험료를 갚아치울 가능성은 비교적 낮다. 건강보험료까지 체납할 상황이면 이미 다른 부채가 있고, 다른 공과금도 연체하고 있을 공산이 크다. 체납에 이르게 된 경제 상황과 가족 문제는 지속되기 마련이고, 각종 부채와 연체 이력 때문에 신용등급이 낮아 은행 대출을 받기도 어렵다. 도움받을 사적 네트워크도 취약한 상황에서 이자 부담이 큰 사금융에 손을 내밀게 되면, 이제 악순환이다.

　우리가 만났던 미혼 양육모는 아이가 희귀·난치성 질환을 앓고 있어 병원비 부담이 큰 데다 돌봄 때문에 일을 하기도 어려운 상황이었다. 당장 병원비 700만 원을 납부해야 하는 마당에 밀린 건강보험료 독촉 고지서를 받는다고 어떻게 할 방도가 없었다. 민간 후원금 50만 원과 정부의 양육 수당 15만 원이 월 소득의 전부였으니 말이다. 조금씩이라도 체납 보험료를 갚아나가려 했지만 국민건강보험공단은 내부 규정에 따라 최장 24회 분할 납부밖에 허용하지 않았다. 체납액을 경감해보려고 조정을 요청했을 때에는 근거 서류를 모두 지참해서 공단을 직접 방문해야 했다. 하지만 몸이 아픈 어린아이를 데리고, 체납이 시작된 과거의 생활수준을 입증하기 위해 지방 도시에 있는 과거 주거지의 임대인을 만나서 당시의 월세 계약 서류를 받아와야 한다니, 이것이 가당키나 한 일인가?

한 50대 체납자는 사업에 실패하면서 건강보험을 체납하게 되었고, 면담 당시에는 대리운전을 해서 월 80만 원 정도를 벌고 있었다. 현재 건강보험료 월 3~4만 원에, 예전에 체납했던 건강보험료 월 10~14만 원씩을 분할 납부하는 중이었다. 그는 분할 납부 보험료가 왜 낼 때마다 다른지 의아해했다. 체납 총액이 100만 원이라면 매월 10만 원씩 10개월 동안 갚으면 될 것이라고 생각하지만, 건강보험 체납은 월 단위로 부과된 보험료를 한 회차씩 갚아야 해결되는 구조다.

그가 보여준 고지서를 보면, 분납 7회차에는 9만 3,580원
에 연체료 8,320원, 8회차에는 12만 3,440원에 연체료 1만
950원이 찍혀 있었다. 그는 월 80만 원 소득에서 현재 보험료,
과거에 체납한 보험료 분납분, 연체금까지 합쳐 월 소득의 거
의 20퍼센트를 국민건강보험공단에 납부하고 있었다. 아무리
마땅히 갚아야 할 금액이라지만, 가혹하다는 생각이 드는 것
은 어쩔 수 없다.

건강보험을 장기 체납하면 어떤 문제가 생길까? 우선 의료
이용에 제약이 생긴다. 물론 '급여 제한' 상태라고 해서 병원에
못 가는 것은 아니다. 의료기관에서는 실시간으로 체납 여부
를 확인할 수 없기 때문에 통상적인 건강보험 적용을 하되, 나
중에 국민건강보험공단에서 이를 '부당 이득금'으로 간주해 당
사자에게서 환수한다. 제때 납입하지 않으면 여기에도 연체금
이 가산된다. 우리가 면담한 이들 중에는 체납 때문에 병원에
가면 안 되는 것으로 오해하는 이들도 있었고, 대부분은 부당
이득금 환수 걱정에 가급적 병원에 가려고 하지 않았다.

다른 연구 과정에서 사업 실패로 건강보험료를 체납한 50대
여성을 만난 적이 있다. 그녀는 갑상선 항진증 정기 진료를 받
지 못해 후유증에 시달리고 있었고, 남편은 '잇몸이 내려앉고

서야' 겨우 치과에 갔다고 했다. 어린 자녀들이 뛰어놀다가 다쳐서 병원에 가는 일이 있을까봐 매일매일 노심초사하며 기도한다는 이야기를 전하며 그녀는 눈물을 글썽였다.[4]

건강보험 생계형 체납자들은 국민건강보험공단의 무자비한 일 처리 때문에 발생하는 경제활동과 사회생활의 제약을 호소했다. 예컨대 통장이 압류되면 제대로 된 직장에서 급여를 받기 곤란해진다. 요즘 세상에 어떤 기업이 직원이 아닌 타인 명의 통장에 급여를 이체해주겠으며, 채무나 체납이 복잡하게 얽힌 사람을 뽑으려고 하겠는가? 설령 사정을 봐준다 해도, 회사에 이를 구구절절 설명해야 하는 것은 여전히 괴로운 일이다. 상황이 이렇다 보니 통장이 압류된 체납자들은 비공식 일자리나 비정규 일자리를 전전할 수밖에 없다.

한 50대 남성은 대부업체도 급여를 압류하고 최소한 먹고 살 돈은 남겨주었는데 국민건강보험공단이 통장을 압류한다며 분통을 터뜨렸다. 30대 미혼 양육모는 막막한 상황에서 얼마 안 되는 생활비가 들어 있는 통장이 압류되었을 때 울면서 사정했다고 이야기했다. "내가 지금 아기 낳은 지 얼마 안 되었고, 사정이 이렇고, 기초생활수급자인데 갚을 능력이 안 된다. 나중에라도 내가 아기 어느 정도 키워놓고 능력이 되면 다

달이 10만 원이든, 20만 원이든 갚겠다고 이야기를 했는데, 이 사람이 저한테 하는 말이 그거예요. 당신처럼 이야기하는 사람이 많다고." 우리가 2016년 면담했을 당시 2010년 압류된 그녀의 통장은 여전히 압류 상태였다.

의료비 보장에서 건강권 보장으로

국민건강보험법과 시행령에는 징수할 가능성이 없다고 인정되는 경우 결손처분을 할 수 있다고 되어 있지만, 실제 결손처분을 받기는 어렵다. 우리가 면담했던 이들 중에는 국민건강보험공단의 결손처분 업무 처리 지침에 따라 충분히 가능해 보이는 사례가 여럿 있었다. 일부는 여러 가지 조건이 동시에 해당되기도 했다. 하지만 간 이식수술 후 장애등급을 받은 1명을 빼놓고 누구도 결손처분을 받지 못했다.

국민건강보험공단은 2012년 이후 매년 3만 건 이상 결손처분을 해왔고, 이를 확대해 2015년부터 2018년 사이에는 약 67만 건에 이르는 결손처분을 시행했다. 특히 2017년에는 미성년자 납부 면제 법안이 통과되면서 일시적으로 36만 건까지 결손처분 건수가 올라갔다. 이렇게 결손처분을 받으려면 '넘치도록 충분한' 시련을 견뎌내야 한다. 우리가 2016년과 2018년에 만났던 생계형 장기 체납자들은, 말하자면 아직 그 시련의 자격 조건을 통과하지 못한 이들이었다.

생계형 장기 체납자들의 사연은 각기 달랐지만, 그 패턴만은 너무도 익숙했다. 가난, 불안정한 일자리와 주거, '비정상' 가족에 대한 제도적·비제도적 차별과 배제, 취약한 사회자본, 갑자기 닥친 건강 문제……. 이런 것들은 건강보험 체납에만 특별히 중요한 요인은 아니다. 일반적인 취약성이 건강보험료 체납이라는 결과로 이어졌을 뿐이고, 건강보험료 체납은 그들이 처해 있는 곤경의 일부일 가능성이 크다. 건강보험이 그저 보험료를 거둬서 나눠주는 기술적 장치가 아닌 이상, 사회보장제도로서 좀더 적극적 역할을 할 필요가 있다. 인심 쓰듯 시행하는 결손처분만으로는 불충분하다. 생계형 장기 체납이 예외적 사건이 아니라는 점을 인정하고, 제도화된 보호장치를 만들어야 한다.

건강보험은 국가의 사회보장제도 중에서 사람들이 가장 많이 경험해보고, 또 가장 신뢰하는 제도다. 이제는 장학금 신청을 위한 소득 입증에도, '경력'이나 '재직' 상태 증명이 필요할 때에도, 심지어 대학의 취업률 평가에도 건강보험 가입 이력이 근거자료로 쓰인다. 원래 이런 쓰임을 의도한 것은 아니 었겠지만, 이는 대표적 사회보장제도로서 건강보험의 위상을 보여준다. 그런 만큼 책임도 무겁다.

그러나 상황은 좋지 않아 보인다. 윤석열 정부는 '문재인 케어' 폐기를 내세웠고, 2017년의 대선 공약이었던 '2022년 보 장률 70퍼센트'는 끝내 미완의 과제로 남게 되었다(2021년과 2022년의 보장률은 각각 64.5퍼센트와 65.7퍼센트였다). 건강보험은 보장성 목표를 달성하는 것만이 아니라, 지속가능성을 위해 늘어나는 의료비를 통제할 수 있어야 한다. 주치의 제도를 근 간으로 하는 공급 체계의 합리화나 시장의 힘을 약화시킬 수 있는 공공보건의료의 확충은 결코 별도의 과제일 수 없다. 또 한 건강보험과 의료급여 사이의 불안한 회색 지대에 서 있는 이들에게 건강보험은 가혹한 추심자가 아닌 사회안전망이 되 어야 한다.

건강보험에
차별이 보인다

피임에는 적용할 수 없다

2021년 8월, 충청남도는 그 전해부터 추진해왔던 '충남형 더 행복한 주택'의 견본주택 공개를 예고하면서 임대료 감면 정책을 발표했다. 주거비 부담을 덜어주어 저출산을 극복하겠다는 원대한 포부와 함께 말이다. 입주 이후 자녀 1명을 낳으면 임대료의 반액을, 2명을 낳으면 전액을 면제해준다는 파격적 제안이었다. 이 참신한 아이디어를 떠올리고 실제 정책으로 다듬어 발표하기까지 꽤 많은 공무원이 뿌듯해했겠지만, 세간의 반응은 싸늘했다. 왜? 지금은 엄연히 21세기니까.

지금도 다자녀 가정에는 다양한 공적 지원이 이루어지고 있다. 여러 지자체의 출산 축하금부터 시작해 공영주차장 할인에 임대주택 우선 공급, 주택 구입과 전세자금 대출 우대, 도시가스와 하수도, 전기요금 감면에 이르기까지. 이러한 제도들이 '순수하게' 아동 빈곤을 예방하고 아이들에게 더 나은 환경을 보장해주기 위해 고안된 것이라고 보기는 어렵다. 아동의 권리 보장과 부모의 돌봄 환경 개선이 목표라면 굳이 둘째 혹은 셋째 자녀부터라는 전제 자체가 불필요하기 때문이다.

그리 멀지 않은 과거에, 전두환 정권은 두 자녀 이후 불임 시술을 받은 가정에 공공주택 입주 우선권을 부여했다. 또 불임 시술을 받은 이들에게 생업자금이나 복지주택 부금에 대해 우선적으로 융자를 제공해주기도 했다. 국가가 인구 조절을 위해 시민들의 삶의 계획에 개입하고, 특히 여성 시민의 성·재생산 권리를 재단하고 유보하는 전통 자체는 그리 변한 것이 없다. 다만 충청남도의 계획이 너무 노골적이라는 것이 문제였다. 잘 드러나지 않았을 뿐, 개별 시민의 신체와 삶에 대한 '통치'는 꾸준히 촘촘하게 작동해왔다. 의료보장제도 또한 충직하게 그 역할을 수행해왔다.

'비급여'라는 단어는 이제 보건의료 종사자가 아닌 사람들에게도 꽤 익숙하다. 의료비 중에서 건강보험 혜택(급여benefit)이 적용되지 않는 부분을 말한다. 건강보험 요양 급여 기준에 관한 규칙은 "의학적 타당성, 의료적 중대성, 치료 효과성 등 임상적 유용성, 비용 효과성, 환자의 비용 부담 정도, 사회적 편익 및 건강보험 재정 상황 등을 고려하여 요양 급여 대상의 여부를 결정"하도록 정해두었다.

건강보험 재정이 한정되어 있으니, 의학적으로 효과가 입증된 서비스, 또 비슷한 효과라면 비용이 적게 드는 서비스에 건강보험을 적용하는 것이 마땅하다. 그러나 규칙에서도 드러나듯, 무엇을 건강보험 급여 항목으로 포함하고 무엇을 배제할 것인지는 사회적 진공 상태에서, '순수한' 의학적 판단에만 의존하지 않는다.

예컨대 자궁 안에서 황체호르몬을 지속적으로 미량 방출하도록 만들어진 '호르몬 루프'는 똑같은 시술이라도 목적에 따라 건강보험 적용 여부가 달라진다. 월경과다증을 치료하기 위한 것이라면 건강보험이 적용되어 5~10만 원의 본인부담금을 내고 시술받을 수 있다. 그러나 피임이 목적이라면 건강보험 비급여 항목이기 때문에 30~40만 원의 비용을 자신이 전액 부담해야 한다. 또 다른 피임 시술인 '루프'도 건강보험이 적용되지 않아 10~20만 원의 본인부담금을 내야 한다. 반면 임신하기 위해서 기존에 삽입했던 루프를 제거하는 경우에는 건강보험이 적용된다. 한때 예비군 훈련을 가면 공짜로 해주었다는 정관수술 역시 건강보험이 적용되지 않는다. 10~40만 원의 비용을 모두 자신이 부담해야 한다. 임신을 위해 정관 복원 수술을 한다면 어떨까? 당연히 건강보험이 적용된다.

고의로 사고를 일으킨다면

세계 대부분의 국가에서 피임은 국가가 반드시 보장해야 할 필수 보건의료 서비스로 간주된다. 민간보험이 주를 이루는 미국에서는 보험상품에 대한 규제를 통해서, 자원이 불충분한 중저소득 국가에서는 국제 원조를 받아서라도 말이다. 예컨대 주변에 병의원을 찾기 힘든 에티오피아 농촌 마을 여성들은 3년 정도 장기 효과가 지속되는 이식형 피임제 '임플라논implanon'을 보건소에서 무료로 시술받을 수 있다. 국내에서는 건강보험 비급여 항목이라 30~40만 원을 부담해야 하는 것과 대조적이다.

국내 의료보장에서 피임이 제외된 것은 비교적 최근의 일이다. 1970~1980년대에는 자녀가 많아질수록 의료보험료를 추가 부담하거나 분만급여 수준을 차등화하기도 했다. 불임 시술은 당연히 건강보험 급여에 포함되었다. 그러다 2004년 12월 1일부터 정관·난관 수술 등 피임 시술이 건강보험 급여 대상에서 제외되었다. 당시 보건복지부 관계자는 "그동안 가족계획사업의 일환으로 정관절제술과 난관결찰술, 자궁 내 장치삽입술 등을 보험 급여 대상으로 분류해왔으나 출산장려 정책과 맞지 않아 비급여로 전환"하기로 결정했다고 밝혔다.

동시에 난임 시술에 대한 건강보험 급여가 도입되었다. 처음에는 민법상 혼인 상태인 난임 부부에게만 건강보험 급여를 적용하던 것을 사실혼 관계의 난임 부부까지, 또 여성 연령 기준도 만 45세 미만에만 한정하던 것을 이제 45세 이상까지 급여를 적용하는 것으로 확대해왔다.

국가는 어떤 행위가 사회적으로 바람직한 것인지 혹은 보호받을 만한 가치가 있는 것인지 매 순간 '판단'한다. 건강보험 제도는 급여라는 수단을 통해 그러한 판단을 사람들에게 학습시키고 개인의 삶에 영향을 미친다. 시종일관 내리막길을 걷고 있는 출산율을 보면(2023년 출산율은 0.72명이었다), 이 노력이 그다지 성공적인 것 같지는 않지만 그래서 더욱 열심히 노력하는 것일지도 모른다.

건강보험을 통한 미시적 통제는 '급여 제한' 제도에서도 찾아볼 수 있다. 건강보험법 제53조는 "고의 또는 중대한 과실로 인한 범죄행위에 그 원인이 있거나 고의로 사고를 일으킨 경우"에 보험 급여를 적용하지 않는다고 정해두었다. 명백한 자신의 잘못으로 건강문제가 발생한 경우에는 건강보험을 적용받을 수 없다는 것이다. 문자 그대로 해석하면 자살 시도를 한 사람은 건강보험으로 치료를 받을 수 없다. 자기 자신이 초래한 결과이기 때문이다.

그러나 2007년부터 자살 시도자에게 '내재적 정신질환'이 있는 경우 건강보험을 적용하는 것으로 바뀌었다. 고의적 행동이라기보다 정신질환에서 비롯된 문제로 받아들였기 때문이다. 2014년 이후에는 업무 지침이 개정되어 정신질환이 없는 자살 시도자도 건강보험 급여를 적용받을 수 있게 되었다. 자살을 개인 책임으로만 볼 수 없다는 사회적 공감대가 확대된 덕분이다. 자살 시도라는 '사실' 자체는 변한 것이 없지만, 사실을 둘러싼 '인식'의 변화가 건강보험의 변화를 이끌어냈다.

다쳤다는 사실에 대한 '다른 해석'으로 건강보험 급여 제한이 이루어진 사례도 있다. 2009년 8월, 노동자들이 파업 농성을 벌이던 쌍용자동차 평택 공장에 경찰특공대와 구사대가 헬기와 크레인까지 동원해 무력 진압을 시도했다. 이 과정에서 노동자와 경찰 여러 명이 부상을 입었다. 2010년 국민건강보험공단은 이때 다쳐서 병원 치료를 받은 해고자 4명에게 3,000여만 원에 이르는 건강보험 급여비 환수를 통보했다. 이를테면 파업 노동자들의 식사를 준비하던 중 혼란에 휩쓸리며 공장 옥상에서 떨어졌던 한 노동자에게 2,000만 원, 경찰에게 곤봉 등으로 폭행을 당해 치료받은 해고 노동자에게 410만 원 반납 통지가 전해졌다. '불법' 농성인 것을 분명히 알면서 참여했다가 다쳤으니 건강보험 급여 제한 사유에 해당한다는 것이다. 국민건강보험공단은 수십 차례의 독촉 고지서 발송은 물론, 예금 압류 조치와 연체금 추가 징수까지 강행했다.

이는 건강보험이라는 의료보장제도가 바람직한 가치에 대한 은밀한 유도를 넘어서, 국가가 정한 질서를 따르지 않는 이들에게 징벌의 수단으로 사용될 수 있음을 보여준다. 아프고 다친 것에 대한 보호보다 국가가 정해준 것을 하거나 하지 않은 것에 대한 심판이 우선한 셈이다. 보호받을 자격을 갖추려면 어떤 국민이 되어야 하는지 분명하게 말해준다.

누가 '우리'이고 '타자'인가?

결핵예방법에는 입원명령 제도라는 것이 있다. 치료 지침을 적절히 따르지 않거나 전염성 다제내성多劑耐性 결핵을 앓고 있는 환자를 강제로 격리 입원시켜 치료하는 것이다. 지역사회 감염 전파 차단을 위해 개인의 자유를 제한하는 것이니 그에 상응하는 '보상'이 주어진다. 입원과 약제비에 대한 본인부담금, 간병비나 부양가족 생활보호비를 지원받을 수 있다. 개인의 자유를 제약하는 반인권적 조치 같지만, 실제 진료 현장에서는 아이러니하게도 가난한 환자들의 비급여 진료비와 생계부담을 덜어주는 수단으로 활용되고 있다.

그런데 이렇게 자유를 담보로 한 '강제' 혜택을 받는 데에도 뜻밖에 국적과 혈통이 중요하다. 결핵균이 이 사실을 알 것 같지는 않지만! 예컨대 외국인은 법무부를 통해 정식 난민으로 인정되었거나 법에 따른 영주권자, 출입국관리법에 따라 외국인 등록을 한 사람 중에서 다음에 해당하는 경우에만 입원명령이 가능하다. '대한민국 국민과 혼인 중인 자로서 본인 또는 대한민국 국적의 배우자가 임신 중인 사람, 대한민국 국민과 혼인 중인 자로서 대한민국 국적의 미성년 자녀를 양육하고 있는 자, 배우자의 대한민국 국적인 직계존속과 생계나 주거를 같이하는 자, 대한민국 국민인 배우자와 이혼하거나 그 배우자가 사망한 자로서 대한민국 국적의 미성년 자녀를 양육하고 있는 자 또는 사망한 배우자의 태아를 임신하고 있는 자.'

일견 복잡해 보이지만 원칙은 간단하다. 외국인이라도 한국인과 결혼해서 한국인의 핏줄이 뱃속에 있거나 낳아 기르는 중이라면, 혹은 한국인 노부모를 봉양하는 중이라면 '우리' 사람으로 인정해준다는 것이다. 뭔 놈의 핏줄에 저리도 집착하냐고 막장 드라마를 조롱하기 머쓱해지는 순간이다. 의료보장제도는 누가 '우리'이고 누가 '타자'인지, 누가 보호받을 자격이 있고 누구는 그렇지 않은지 끊임없이 판단하고 실행한다. 굳이 이렇게까지 꼼꼼하게 할 필요가 있나 생각하지만 이것이 바로 생명권력이 작동하는 방식이다.

권력은 총칼로만 작동하지 않는다

프랑스 철학자 미셸 푸코Michel Foucault의 '생명권력biopower' 개념은 지금까지 살펴본 개별 사례들을 관통하는 본질을 말해준다. 권력은 총칼과 법전을 통해서만 작동하지 않는다. 신체를 예속시키고 인구집단을 통제하는 다양한 기술을 통해서, 즉 생명권력을 통해서도 작동한다. 생명권력은 무엇이 정상이고 무엇이 비정상인지 결정하는 '처방적' 표준을 통해 사람들이 스스로 일상을 규율하도록 만든다. 이것이 바로 통치성의 근간을 이룬다. 어떤 보건의료 서비스에 건강보험 급여가 적용되고 제외되는지, 어떤 사람이 건강보장 체계에서 보호받고 배제될 것인지는, 우리 사회에서 무엇이 바람직한 것이고 보호받을 자격이 있는지 말해준다. 이를 통해 사람들의 일상을 규율하고, 사람들 사이의 정체성을 구분하며, 그에 따라 다르게 대우하는 것을 합리화할 수 있다.

건강보장을 시끄러운 정치적 논쟁의 대상이 아닌 '순수한' 의료 문제로 환원하거나 탈정치화하는 것은 때로 위험한 일이 되기도 한다. 일례로 미국에서 마약중독자들의 HIV 바이러스 감염 예방을 위한 주사기 교환 프로그램을 확산시킬 때, 다수의 옹호 그룹은 '이것은 정치적 의제가 아니라 공중보건 의제'라고 강조했다. 도덕적 규범을 앞세우며 반대하던 보수주의자들의 공세를 피해 가기 위해서였다. 이러한 프레이밍은 당시에 상당한 성공을 거두었다. 마약 사용을 둘러싼 규범적 논쟁을 피하면서, 효과적 공중보건 프로그램으로 제도권 안에 안

착할 수 있었다.

하지만 시간이 흐르면서 예상치 못한 부작용이 생겨났다. 처음에는 상향식 권리 옹호 '운동'으로 시작된 캠페인이 점차 하향식 정책 수단으로 보편화되면서, 약물 남용을 부추기는 사회적 맥락과 인종·지역 간 불평등 문제에 침묵하게 하는 편리한 수단으로 활용되는 경우가 적지 않았던 것이다.[5]

현존하는 건강보장 체계에 깊이 뿌리내린 특정 편향의 정치성을 극복하는 길은, 순수한 의학적 논거로 회귀하는 것이 아니다. 그렇게 할 수도 없다. 건강보장 체계는 듣기 좋은 덕담을 주고받는 인심 좋은 부잣집 곳간이 아니라, 자원배분을 둘러싼 사회세력들 사이 경쟁의 장이다. 그것이 행사하는 이데올로기적 함의도 크다.

우리에게 필요한 것은 숨겨진 통치성과 은밀한 이데올로기를 드러내고 평등과 인권을 향한 대안적 정치성의 균형을 찾아가는 것이다. 즉, 비非정치, 탈脫정치가 아니라 '다른 정치' 말이다. 바로 이런 점에서, 건강보장제도를 둘러싼 차별적 요소를 더 많이 발견해내고, 의사결정이 더 많은 시민에게 개방되고 공유되어야 한다. 더 많은 문제가 발견되고 말해져야 한다.

'안전한 임신 중지'라는
건강권

'낙태죄 헌법불합치' 판결

2019년 4월 11일, 역사적인 '낙태죄 헌법불합치' 판결이 내려졌다. 기존 형법에 의하면 낙태한 여성에게 1년 이하의 징역 또는 200만 원 이하의 벌금, 이를 도운 의사에게는 2년 이하의 징역을 선고할 수 있었다. 물벼룩이나 진딧물과 달리 인간 여성은 단성생식을 통해 자녀를 출산할 수 없다. 그럼에도 왜 여성만을 처벌의 대상으로 삼는지, 엄연한 불법인데 국가가 왜 그토록 오랫동안 방조해왔는지 도무지 이해할 수 없었는데 뒤늦게라도 법이 개정되어 다행이라고 생각했다.

물론 헌법불합치 판결이 났다고 끝이 아니라, 그에 따른 형법과 모자보건법 개정이라는 과제가 남겨졌다. 그해 10월 6일, 미적거리던 정부는 형법과 모자보건법 개정안을 깜짝 발표했다. 그동안 정부 개정안이 임신 14주 혹은 24주 이후의 임신 중지를 여전히 처벌 대상으로 삼을 것이라는 흉흉한 소문이 돌았는데 그 소문이 현실로 나타났다. 낙태죄는 그대로 유지하되 낙태의 '허용 요건'을 '신설'한 것이다. 법무부의 형법 개정안에 따르면 임신 14주 이내, 의사에 의해 의학적으로 인정된 방법으로 이루어진 임신 중지에 한해 처벌하지 않겠다는 것이다.

여성이 인터넷으로 유산 유도 의약품을 구입해 스스로 임신 중지를 시도한다면? 사극 드라마 장면처럼 높은 곳에서 뛰어내려 유산을 시도한다면? 의사가 시술하지 않았으니 불법으로 간주될 수 있다. 자살을 하려고 높은 곳에서 뛰어내리는 것 자체는 불법이 아니지만, 낙태를 위해 뛰어내린다면 불법이 될 수도 있다. 대단히 기묘한 상황이다.

모자보건법에 의하면, 강간 등 범죄행위에 의한 임신, 근친 간의 임신, 임신을 지속하기 어려운 사회경제적 사유가 있는 경우, 임신이 여성 건강에 위협이 되는 경우에는 임신 24주까지 합법적으로, 역시 의사에 의해 임신 중지를 할 수 있다. 사회경제적 사유에 의한 낙태도 모자보건법이 정한 절차에 따라 상담을 받고 24시간이 경과해야 한다. 24주 이후의 임신 중지라면, 혹은 그 이전이라도 모자보건법이 정한 상담 절차를 따르지 않았다면 여전히 불법인 셈이다.

사실 임신 24주면 현대 의학기술로 태아를 살려낼 수 있고, 이 시기의 임신 중지는 산모의 건강에도 상당한 부담이 된다. 굳이 법적으로 금지하고 처벌하지 않더라도 임신 24주 이후에 임신 중지 결정을 내리고 시도하는 것 자체가 대단히 문제적이다. 이토록 뒤늦은 임신 중지를 결정하는 여성에게는 대체 어떤 사연이 있는 것일까?

사실 이들에게 필요한 것은 처벌이 아니라 의학적 보호와 사회적 보호다. 왜 임신 24주가 지나서야 이런 힘든 결정을 내리게 되었는지 묻고, 임신을 중지하든 유지하든 이후의 건강과 삶을 지원하는 것이 국가가 할 일이다. 사실 정부는 14주냐 24주냐 처벌의 기준 시점을 정하는 데 관심을 기울일 것이 아니라, 당장 합법화되는 임신 중지 서비스를 어떻게 안전하게 제공할 것인지 대책을 마련했어야 했다. 그리고 어느덧 5년이 지났다. 모자보건법의 문제적 조항은 여전히 그대로 남아 있고, 형법과 모자보건법 개정안은 '사회적 합의'를 운운하며 국회 문턱을 넘지 못하고 있다.

불법인데 허용하고, 불법이니 처벌하고

국내에서 임신 중지는 꾸준히 '불법'이었지만 2000년대 중반까지 공공연하게 이루어졌다. '둘만 낳아 잘 기르자'는 구호 아래 국가가 주도해서 산아제한을 하던 1960~1970년대 이야기가 아니다. 태아 초음파 검사가 광범위하게 보급되고 선별적 여아 낙태가 만연하면서, 1981년부터 2006년까지 한국 사회의 출생성비는 자연성비인 106을 줄곧 넘겨왔다. 심지어 백말띠해라는 1990년에는 여아 낙태가 극에 달해서 전국 출생성비가 116.5에 달했고, 당시 경상북도와 대구는 130.6과 129.3이라는 놀라운 수치를 기록했다.

　엄연한 불법이었음에도 국가가 눈감아주거나 직접 나서기까지 했던 임신 중지가 최근 몇 년 동안 천하의 비도덕적 행위로 여겨지게 된 것은 태아의 생명을 유독 사랑하는 분들이 큰 소리를 내기 시작하면서부터다. 천국에 보내주겠다며 면죄부를 팔고, 마녀사냥을 빙자해 무고한 여성들을 불에 태워죽이고 물에 빠뜨려 죽였던 과거를 계승한 분들, 최근까지도 어려운 가정의 어린이들만을 골라 성적 학대의 먹잇감으로 삼았던 범죄자들을 비호했던 분들, 동성애자들에게 불벼락을 내리겠다는 분들이 어찌된 일인지 생명 사랑의 투사로 거듭났다. 때마침 국가적 저출산 문제가 겹치면서 사문화된 것이나 다름없던 낙태죄가 현실에서 힘을 발휘하게 되었고, 임신 중지는 은밀한 곳으로 숨어들었다.

그러나 결코 사라질 수는 없었다. 루마니아 니콜라에 차우셰스쿠Nicolae Ceaușescu 정권 같은 극단적 금지 사례를 제외한다면, 세계적으로 임신 중지가 불법이든 합법이든 낙태 건수에는 차이가 없다는 것이 지금까지의 일관된 연구 결과다. 절박한 여성들은 때로는 국경을 넘어, 건강과 생명의 위험을 감수하면서까지 임신 중지 서비스를 찾는다. 그렇기에 '안전한 임신 중지'는 분만 서비스나 예방접종과 마찬가지로 '필수 보건의료 서비스'로 분류된다. 세계보건기구와 앰네스티는 코로나19 팬데믹 상황에서도 각국이 유지해야 할 필수 보건의료 서비스에 임신 중지를 포함했다.

하지만 불법이기에 정확한 통계가 없고 관리하기 어려운

것이 현실이다. 2021년 한국보건사회연구원의 실태조사에 따르면, 국내에서 연간 약 3만 2,000건의 인공 임신 중절이 이루어지는 것으로 추정된다. 2021년 건강보험통계연보가 보고한 다빈도 수술 목록을 참고해보면, 1위가 백내장 수술로 61만 8,739건이고 5위가 충수절제술(맹장 수술)로 7만 2,736건이다. 제왕절개가 4만 1,194건, 주변에서 흔히 접하는 축농증(만성부비동염) 수술이 2만 4,578건인 것을 생각하면, 이는 결코 작은 숫자가 아니다.[6]

　2010년 이후 발표된 국내 연구 결과들을 보면, 성인 여성의 16~22퍼센트가 원치 않은 임신을 경험했고, 이 중에서 60~70퍼센트가 임신 중지를 선택한 것으로 추정된다. 2021년 실태조사에 따르면 임신 경험이 있는 여성의 17.2퍼센트가 임신 중지를 한 적이 있다고 보고했다.

　그렇다면 여성들은 어떻게 임신 중지를 했을까? 국내 의료 기술과 위생 표준은 상당히 높은 편이기에 저개발국가에서처럼 임신 중지 시술과 관련된 치명적 합병증이나 사망은 극히 드물 것으로 짐작된다. 임신 중단을 유도하는 의약품도 국내에서 허가된 것은 없지만, 인터넷으로 구입하는 것이 불가능하지는 않다. 그렇다고 안전한, 양질의 서비스를 받았다는 것은 아니다. 대학병원이나 이름난 산부인과 전문병원, 공공병원들은 모두 불법 시술을 제공하지 않기에 여성들은 필사적으로 의료기관을 찾아야 했다.

시민건강연구소 젠더건강연구센터의 연구에 참여한 여성은 이렇게 털어놓았다.[7] "하루에 스무 곳이든 서른 곳이든 될 때까지 찾아본 거고. 어쨌거나 아시겠지만 병원에 전화하면 수술 가능 여부를 알려주지 않잖아요. 그러니까 일단 내방하라고 하면 스무 곳, 서른 곳 될 때까지 가는 거죠." 비용도 현금으로 40만 원에서 500만 원까지, 부르는 게 값이었다. 어려운 시술이라서가 아니라, 불법행위에 대한 일종의 위험 비용이다.

의약품에 대해서도 불안이 크다. "제가 진짜 약물로 하고 싶어서 엄청 많이 알아봤는데, 그 약이 정품이 아닐 수도 있고 정품이라 해도 부작용이……. 물론 수술도 부작용이 많지만, 약물은 구하는 것도 어렵고 정품이 아닐 수 있고. 정품이 아닐 거라는 이야기가 엄청 많더라고요." 이 참여자는 두려움 때문에 그냥 수술을 받았다.

불법행위를 한다는 점 때문에 불안하고, 양질의 서비스나 환경의 쾌적함을 기대할 수도 없다. "지금은 그 감정들이 자

세히 기억 안 나는데 저는 그 수술실 장면만 되게 기억이 나
요. 너무 비인간적인 환경?", "그때 선생님이, 그 생각이 많이
나요. 한심하다는 듯이 쳐다보면서 '어, 피임하시는 방법을 잘
모르시나 봐요. 왜 아직 못 배우셨을까?'라고 하셨던 게 떠올
라요." 이런 경험 때문에 여성들은 시술 이후 의료기관을 다
시 방문하거나 상담받는 것에 극도의 거부감을 보였다. "심리
적인 이유가 있었고요. 그냥 다시 가기 싫었어요. 무서웠어요,
거기. 트라우마라고까지 이야기하긴 뭣하지만, 네, 갈 수가 없
었어요." 이제부터는 이런 트라우마, 유쾌하지 못한 경험, 불
안에서 벗어날 수 있을까?

원치 않는 임신을 한다면

임신 중지가 합법화되어도 여성들이 이용할 수 있는 의료 서
비스에는 여전히 제약이 있다. 서울 강남구처럼 산부인과 의
원만도 52군데나 되는 지역도 있지만, 경북 영양군이나 전남
영암군에는 산부인과가 한 곳도 없다. 그뿐만 아니라 그동안
예외적 사례를 제외하고 임신 중지 시술이 불법이었기 때문에
의료진을 위한 진료 표준이 마련되어 있지 않으며 정식 훈련

도 불충분했다. 내과적 임신 중지에 필요한 의약품은 아직 국내에 들어와 있지 않고 의사들도 정식으로 써본 적이 없다.

상담과 사회 서비스로 연계하는 것은 전적으로 개개인 의사들의 선의에 기대고 있으며, 역시 표준화된 임상 지침이 없다. 빨리 결정하고 준비해야 할 일이 많다. 대표적으로 의료 인력과 관련한 문제가 그렇다. 노르웨이에서는 외과적 임신 중지는 반드시 의사가, 약물에 의한 임신 중지는 의사의 감독 하에 간호사가 수행한다. 캐나다에서는 산부인과 의사뿐만 아니라 한국의 가정의학 전문의에 해당하는 일차 진료 의사들도 임신 중지 서비스를 제공한다. 고도의 기술과 전문 설비가 필요한 것이 아니라 필수적 '일차 의료' 서비스이기 때문이다.

그러나 정부의 첫 번째 법률 개정안이 공개된 후 산부인과 학회, 산부인과의사회, 모체태아의학회 등이 발표한 공동성명은 내과적 임신 중지를 포함한 모든 임신 중지 서비스 제공을 산부인과 의사로 한정할 것을 요구하고 있다. 이 내용은 이미 2020년 1월 산부인과 의사들이 『한국모자보건학회지』에 발표한 입장문에 담겨 있었다. 그렇다면 산부인과 의사를 구하기 힘든 지역은 어떻게 해야 할까? 지방 의료원, 보건소 같은 공공보건 의료기관에 클리닉을 개설하든, 산부인과 전문의가 아닌 일차 진료 의사에게 진료를 허용하든 어떤 형태로든 서비스 제공자를 확보해야 한다. 그리고 이들에게 표준화된 진료 지침과 훈련을 제공해야 한다.

그뿐만 아니라 의료인의 '진료 거부'와 그에 따른 '의뢰 체계' 문제도 진지하게 대비해야 한다. 2019년 10월 정부의 모자보건법 개정안에는 의사의 개인 신념에 따른 진료 거부를 인정하고, 그로 인한 불합리한 처우를 금지하는 내용을 담고 있다. 의료인이 종교나 양심에 따라 임신 중지를 거부하는 사례는 임신 중지가 합법화된 국가들에서 드물지 않다. 그 대신 서비스를 제공하는 다른 의료기관으로 환자를 의뢰해야 하고, 응급 상황이거나 의뢰가 여의치 않은 경우에는 반드시 시술을 제공하도록 정하는 것이 일반적이다.

그런데 국내 산부인과 의사들은 낙태 관련 의료 행위뿐만 아니라 다른 시술 기관으로 안내하는 것에 대해서도 자신들이 선택권을 가져야 한다고 주장한다. 임신 중지 서비스를 제공하지 않을 권리와 심지어 다른 의료기관으로 의뢰조차 하지 않을 권리를 요구하고 있는 것이다. 이는 정당한 사유 없이 진료 거부를 금지한 의료법과도 상충한다. 왜 임신 중지에 대해서만 예외적으로 진료 거부를 인정해주어야 할까?

또 다른 시급한 사안은 내과적 임신 중지에 필요한 의약품을 확보하는 것이다. 미페프리스톤Mifepristone과 미소프로스톨Misoprostol은 세계보건기구가 정한 필수 의약품 목록에 들어 있고, 효과성과 안전성도 입증된 약물이다. 국제적 임상 표준 지침은 안전성과 편의성 측면에서 외과적 시술보다 내과적 임신 중지를 우선으로 권고하고 있으며, 여러 국가에서 임상 표준 지침에 이를 포함했다. 핀란드, 스웨덴, 노르웨이 같은 국가들은 현재 내과적 임신 중지가 전체 사례의 90퍼센트에 이른다. 특히 의료 전문가에 대한 접근성이 낮은 지역에서 내과적 임신 중지는 중요한 역할을 한다.

하지만 미페프리스톤은 아직 수입허가조차 되지 않았고, 미소프로스톨은 정식 유통되고 있지만 소화성 궤양 치료에 한정적으로 쓰인다. 일부 산부인과 의사들은 미페프리스톤 도입에 대해 '국내 임상시험 후 신중한 검토'가 필요하다고 하면서, 이를 의약분업 예외약품으로 지정해 산부인과 병원에서 직접 투약하도록 요구하고 있다. 식품의약품안전처는 불투명한 이유로 의약품의 승인과 도입을 차일피일 미루고 있다. 그나마 임신 중지에 대한 상담을 제공하고 임신 중지 약물을 배송해주던 캐나다 비영리단체 '위민온웹Women on Web'에 대한 접속

마저 방송통신심의위원회 처분에 따라 차단되어 있다.[8]

의약품과 시술만 중요한 것은 아니다. 여성들이 충분한 정보에 근거해 임신 중지 여부와 방법에 대한 의사결정을 내릴 수 있도록 돕는 정보 제공과 상담은 임신 중지 서비스의 필수적 부분이다. 임신인 줄 모르고 감기약을 복용했는데 혹시라도 태아에게 이상이 생긴 것은 아닐까 걱정되어 임신 중지를 고려하고 있다면, 사회경제적 여건상 도저히 아이를 낳아 키울 수 없는 상황이라면, 잦은 피임 실패로 이미 여러 번의 임신 중지를 경험하고도 또다시 원치 않는 임신으로 찾아온 여성이라면, 성착취 상황에 놓인 것이 강력하게 의심되는 미성년 임신부라면…….

임신 중지를 하러 찾아온 여성의 수만큼 사연은 다양할 것이고, 그중에는 뚝딱 시술만 해주고 끝낼 것이 아니라 사회 서비스나 다른 분야 전문가에게 연결이 필요한 사례가 적지 않을 것이다. 또다시 임신 중지를 하지 않도록 피임 방법을 교육하고 직접 서비스를 제공하는 것 역시 중요하다.

그러나 현재와 같은 의료 제공 체계에서 이는 불가능하다. 심지어 일부 산부인과 의사들은 "비의학적 사유의 낙태 결정 과정에 시술 의사는 참여하지 않고 시술 과정만 담당"해야 한다고 주장한다. 정부가 5년 전 처음 발표했던 모자보건법 개정안은 의사에게 피임과 계획 임신 등에 대한 설명 의무를 부과하고, 임신으로 인한 위기 갈등 상황에 대한 상담은 별도의 종합 상담 기관에서 담당하도록 했다. 보건소나 민간 비영리 법인이 여기에 해당한다. 위기 상담 같은 민감한 필수 서비스를 민간에 외주를 준다는 발상은 황당하지만 익숙하다. 또한 지금까지의 경험에 비춰본다면, 보건소도 비정규직 상담 인력을 채용하고 매년 반복되는 고용불안과 전문성 부족에 직면할 가능성이 크다.

이러한 임상적 체계를 구축하는 것 말고도 준비해야 할 것이 많다. 그동안 불법 상황이어서 제대로 된 통계가 없었지만, 이제는 안전한 임신 중지 서비스를 제공하는 의료기관 혹은 의료인의 분포, 정보 제공 수준, 임상 지침에 부합하는 양질의 서비스, 합병증, 임신 중지 건수 등 국제 표준에 부합하는 모니터링 체계를 갖춰야 한다. 특히 합법화 이후 몇 년 동안은 제도 안착을 위해 모니터링과 평가가 매우 중요하다.

노르웨이 같은 나라에서는 1979년부터 별도의 익명 등록 체계를 만들어 임신 중지의 시점·방법·사유 등을 의료기관이 중앙 시스템에 보고하고, 이를 통해 임신 중지 현황과 의료 자원의 분포를 모니터링하고 있다. 사실 임신 중지가 합법화된다 해도, 프라이버시를 우려한 비보험 진료나 불법적 약물 유통이 사라지지는 않을 것이다. 의사의 진료 거부, 임신 중지 서비스를 제공하는 의료기관이나 의료인 혹은 여성에 대한 위협도 예상된다. 이미 5년 전, 이러한 문제들에 대비해야 한다고 많은 사람이 입이 아프도록 떠들었지만, 놀랍게도 아무 반응이 없다.

"우리 손을 잡아라"

국제인권규범에 따르면 건강권을 보장하기 위한 국가의 의무 유형은 세 가지로 구분된다. 첫째, 국가는 직간접으로 건강권을 침해하지 말아야 한다. 필수 의료서비스인 임신 중지의 불법화는 이러한 '존중의 의무'를 해치는 것이다. 둘째, 국가는 제3자가 건강권을 침해하지 못하도록 보호해야 한다. 예컨대 의료인들이 임신 중지 서비스를 제공할 때 인권 표준을 따를 수 있도록 수단을 마련함으로써 '보호의 의무'를 다해야 한다. 마지막으로 국가는 건강권의 완전한 실현을 위해 적절한 법·행정·예산 등의 수단을 마련해야 한다. 건강권을 보장하겠다고 선언하는 것만으로는 아무런 의미가 없으며, 이를 실현할 수 있는 실질적 조치를 통해 '충족의 의무'를 다해야 한다.

낙태죄 폐지는 '선언'이 아니라, 임신 중지라는 필수 보건의료 서비스를 '어떻게' 제공할 것인지에 대한 구체적 대책에서 비로소 시작된다. 보건복지부가 앞장서서 해야 할 일이 이렇게나 많은데 도대체 존재감이 없다. 2017년 2월 낙태죄 위헌 여부를 가리는 헌법소원이 이루어진 이후, 보건복지부는 줄곧 말이 없었다. 그해 11월, 낙태죄 폐지를 요구하는 청와대 국민청원이 불과 한 달 만에 23만 명 이상의 동의를 받고 청와대 민정수석이 실태조사 계획을 발표한 시점에서도 침묵을 지켰다. 2018년 8월에는 뜬금없이 낙태 수술을 '비도덕적 진료 행위'로 규정하고, 수술한 의사의 자격을 1개월 정지하는 행정처분 규칙을 공표해서 반발만 샀다. 그해 12월, 경찰이 병원과 건강보험심사평가원의 자료를 이용해 임신 중지 시술 여성들을 수사하는 상황에서도 보건복지부는 말이 없었다.

2020년 9월 22일, 법률 개정 시한을 앞두고 보건복지부의 입장을 묻는 기자의 질문에 보건복지부 출산정책과장은 "현재로선 말할 수 있는 게 없다"고 이야기했다. 심지어 이 주제를 가지고 9월 28일에 열린 보건복지부 '성평등자문위원회'에서

조차 아무런 내용을 공개하지 않았다. 그래 놓고 10월 6일에 발표한 입법 방안 보도자료에는 '성평등자문위원회의 안전한 임신 중지 의료서비스 방안 의견 수렴'이라고 적어놓았다.

2018년 여름, 국민 다수가 가톨릭 신자인 아일랜드에서 국민투표에 의해 낙태죄가 폐지되었다. 그동안 아일랜드 여성들은 절박한 심정으로 국경을 넘어 시술을 받아야 했다. 낙태죄 폐지 투표에 참가하기 위해 해외에서 귀국하는 아일랜드 여성들의 행렬은 세계의 뉴스를 장식했다. 투표 결과가 발표되던 날, 낙태죄 폐지에 환호하는 여성들 사이에서 상기된 표정의 남성이 인터뷰하는 뉴스 장면을 보았다.

"수정헌법 제8조 아래서 위기 임신에 처한 여성들은 '비행기를 타거나 배를 타라Take the plane or take the boat'는 말을 들었습니다. 오늘 우리는 그들에게 이야기할 것입니다. '우리 손을 잡아라Take our hand!'" 그는 아일랜드 보건부 장관이었다(당시 보건부 장관이었던 사이먼 해리스Simon Harris는 2024년 4월 아일랜드 총리로 선출되었다). 임신 중지는 젠더 이슈이면서 동시에 필수 보건의료, 건강권의 이슈이기에 보건부 장관이 나선 것이다. 당연하지만, 일찍이 국내에서 본 적 없는 모습이었다.

문제의 성평등자문위원회의가 열렸던 9월 28일은 우연하

게도 '세계 안전한 임신 중지의 날International Safe Abortion Day'
이었고, 그해의 핵심 슬로건은 '임신 중지는 보건의료 서비스'
였다. 필수 보건의료 서비스 제공에 반대하는 것이 아니라, 여
성의 건강권을 보호하고 양질의 안전한 임신 중지 서비스를
보장하는 것이 보건복지부 본연의 업무라고 말하는 게 너무
지나친 처사인가?

공공보건의료는
어떻게 만들어지는가?

에이즈 환자를 거부하는 이유

2010년, 보건복지부의 '중증·정신질환 에이즈 환자 장기 요양 사업'을 위탁받아 운영하던 민간 요양병원의 심각한 인권침해가 세상에 알려졌다. 효과적인 치료약제 덕분에 이제 에이즈는 지속 관리가 필요한 만성질환이 되었지만, 다른 만성질환들처럼 장기 요양이 필요한 단계에 이르면 갈 곳이 마땅치 않다. 에이즈라는 무시무시한 이름 때문이다.

이 사건 이후 HIV/AIDS 인권 옹호 단체들은 전국 70여 개 공공 요양병원 중 23개와 무작위로 추출한 서울의 5개 민간 요양병원에 에이즈 환자 입원이 가능한지 직접 문의하는 조사를 벌인 적이 있었다. 환자는 혼자서 움직이거나 의사소통할 수 없는 상태이고, 에이즈 치료제는 종합병원에서 처방받으며 별다른 특별한 처치 없이 장기 요양이 필요한 상태라고 설명했다. 놀랍게도, 공공과 민간을 가리지 않고 28개 병원 모두에서 입원을 거부당했다. 격리시설이 없다는 것이 이유였다.[9]

사실 에이즈는 밀접한 신체 접촉에 의해서만 감염되는 질병이기 때문에 홍역이나 코로나19처럼 굳이 격리해서 치료할 필요가 없는데도 말이다. 복잡한 건강 문제와 사회적 문제로 그 누구보다도 돌봄이 절실한 이들이 갈 곳이 없다.

2017년 '사회경제적 취약 지역 및 계층 결핵 관리 시범 사업 모델 개발'이라는 연구에 참여하면서, 결핵 관리와 관련된 여러 전문가와 실무자를 만난 적이 있었다. 그중에는 PPM 간호사도 있다. PPM이란 '공공·민간 협력Public Private Mixed'의 약자로, 공공병원이나 사립병원에 결핵 관리 전담 간호사를 배치해 결핵과 관련된 전반적 관리를 지원하는 보건복지부 사업이다.

결핵은 최소 6개월 이상 꾸준한 투약과 관리가 중요하기 때문에 아무리 뛰어난 의사라고 해도 혼자서는 환자를 다 감당할 수 없다. 혹시 가족 내 접촉자가 없는지 확인하고, 왜 정해진 방문일에 환자가 나타나지 않았는지 연락하며, 가져간 약들을 제대로 복용하는지 점검하고, 도움이 될 만한 지원사업을 환자에게 연결해주고, 행정 자료를 챙겨서 질병관리청에 보고하는 일들을 어떻게 의사 혼자 감당할 수 있겠는가? 이 사업은 2013년 시작되어, 환자들이 성공적으로 치료를 마치는 데 상당히 도움이 된다는 점이 확인되면서 점차 확대되었다.

그런데 문제는 PPM 간호사가 기간제 비정규직으로 한 기관에서 최대 2년까지만 근무할 수 있다는 점이었다. 결핵은 환자와 의료진의 라포르rapport(신뢰 관계) 형성이 매우 중요하다. 어려운 처지의 환자일수록 신뢰를 쌓고 상황에 맞는 상담을 제공하며 적합한 지원 프로그램을 연계해주어야 한다. 환자와의 관계뿐만 아니라 소속 병원의 시스템을 익히고, 다른 부서와 협력을 다지며, 환자 등록이나 행정 업무를 능숙하게 처리하는 데에도 숙련의 시간이 필요하다.

그런데 현실에서는 "뭘 좀 알 것 같고, 환자들하고도 이렇게 좀 되고" 할 것 같으면 계약이 만료된다. 감염병 업무를 책임지는 한 관리자는 "전문가가 절대 될 수 없도록" 만드는 시스템이라고 설명했다. 질병관리청에서는 매년 '고용안정'을 보장하라는 공문을 개별 병원에 보내는 것으로 그 임무를 다했다.

감염병 관리만 이런 형태로 운영되는 것은 아니다. 현재 공공보건의료 체계 안에는 공공보건의료지원단을 비롯해 보건복지부가 지정한 다수의 전문 질환 센터가 민간 위탁 구조로 운영된다. '공공보건의료에 관한 법률'은 공공보건의료지원단 운영을 '공공보건 의료기관에 위탁할 수 있다'고 정해두었고, 전국 대부분의 광역자치단체가 이에 따라 공공보건의료지원단을 설치했다.

그러나 지방자치단체마다 조금씩 사정은 다르다. 서울시처럼 공공보건의료'재단'으로 격상시켜 구조를 안정화시킨 곳이 있는가 하면(오세훈 서울시장이 취임한 후 공공기관 통폐합 정책에 따라 2023년 8월 이사회에서 재단 해산을 결정했고, 다시 공공보건의료지원단이 되었다), 일부 지역에서는 지원단 인력의 고용안정 문제를 우회하기 위해 지원단장을 맡은 대학교수를 '사장'으로 내세워 별도 조직을 만들어 수탁하도록 했다. 공무원 인력을 늘리는 것은 불가능하고, 그렇다고 수탁을 받은 국립대학이 정규직화의 부담도 지기 싫으니 이런 고육지책을 쓰는 것이다.

공공보건의료는 사회적 안녕을 보호한다

한국에서 '공공보건의료' 논의가 제도화되기 시작한 것은 2000년 '공공보건의료에 관한 법률'이 제정되면서부터라고 할 수 있다. 이후 노무현 정부는 공공보건의료 공급을 30퍼센트까지 확대하겠다는 공약과 함께 출범했고, 2005년에는 범정부 차원에서 '공공보건의료 확충 종합대책'을 마련했다. 구체적 세부 계획을 들여다보면 공공보건 의료기관 평가 체계 구축이나 지방 의료원 원장 공개 채용처럼 그동안 실행에 옮겨진 내용도 있지만, 바로 어제 발표한 자료라고 해도 믿을 만큼 시의성 있는 내용이 여럿 있다.

예컨대 '원활한 공공보건의료 인력 공급 체계 마련', '전염병 대응 체계 구축', '비시장성 필수 공공재 공급기반 확충' 등이 그것이다. 노무현 정부가 선견지명이 있었다고 박수를 쳐야 할 일이 아니다. 그때 이야기한 것들이 왜 아직도 실현이 안 되어서 여전히 똑같은 문제에 직면하고 있는지 분석이 필요하다. 이 종합대책이 발표된 지 한참이 지난 2012년에야 '공공보건의료에 관한 법률'이 개정되었고, 2016년에야 비로소 '제1차 공공보건의료 기본계획'이 마련되었다.

이렇게 15년 이상 지지부진하던 공공보건의료 개혁은 문재인 정부 출범과 함께 새로운 기회를 맞았다. 문재인 정부는 '의료 공공성 강화'를 국정 과제로 확정하고 '공공보건의료발전위원회'를 발족해 2018년 10월 '필수 의료의 지역격차 없는 포용국가 실현을 위한 공공보건의료 발전 종합대책'을 내놓았다. 하지만 공공보건의료를 강화하겠다고 대통령이 '선언'을 해도, 이를 실행에 옮기는 매 단계마다 암초가 가득했다.

예를 들면 의료 사원의 지역적 불균형이 심해지면서 시민들의 요구에 부응해 광역 지방자치단체들이 공공병원 확충을 계획하는 경우가 늘어났지만, 매번 '산 넘어 산'이었다. 대표적으로 '비용·편익' 조건 때문에 예비타당성조사(예타)의 장벽을 넘는 것이 너무 어렵다. 사실 비용 대비 수익이 큰 곳이었다면 굳이 예타를 하기 전에 사립병원이 먼저 자리를 잡았을 것이다.

복잡한 제도적 장벽과 시간의 싸움 속에서 의료 공백을 견뎌내는 것은 시민들의 몫이다. 시민사회는 한국개발연구원의 의료시설 부문 사업 예타 표준 지침 자체를 문제 삼는다. 공적 보건사업에 의한 건강 편익이나 사회적 가치가 고려될 여지가 별로 없기 때문이다. 지금과 같은 예타 방식으로는 지역에서 공공병원을 늘리는 것이 매우 어렵다. 그러나 한국개발연구원은 이런 문제 제기에 반응이 없고, 신청한 지방자치단체가 알아서 입증할 것을 요구하고 있다. 사실 예타의 계산 방식을 넘어, 공공보건의료를 비용과 편익의 평가 대상으로 삼는 것 자체가 문제라고 할 수 있다.

기획재정부의 '예비타당성조사 운용 지침'에 의하면, 재정 지출이 500억 원 이상인 사회복지, 보건, 교육, 노동, 문화와 관광, 환경보호, 농림해양수산, 산업·중소기업 분야의 사업 등은 예타를 거쳐야 한다. 반면 예타가 면제되는 사업들도 있다. 대표적으로 공공청사, 교정시설, 초중등학교의 신설과 증축, 문화재 복원사업, 국가안보에 관계되거나 보안을 요하는 국방 관련 사업 등이 대표적이다. 말하자면 화려한 도청과 시청을 지을 때에는 예타를 안 거쳐도 되지만, 시민들에게 필요한 공공병원은 반드시 예타를 거쳐야 하고, 비용 대비 편익을 증명해야 한다.

2019년 부산의료원을 방문했을 때, 메르스 유행 이후 마련된 최신식 음압 격리병상 시설을 둘러본 적이 있었다. 담당 간호사는 자부심을 감추지 않았다. 나는 맞장구를 치면서도 속으로는 '아이고 큰일이네. 이렇게 비어 있어서 어떡하지?' 걱정을 했다. 당장 입원 환자가 없어도 시설을 유지하려면 담당

인력이 있어야 한다. 필터 교체나 청소 같은 유지보수 업무 또한 환자가 없다고 건너뛸 수 없다. 언제 긴박한 상황이 벌어질지 알 수 없기 때문이다. 이런 게 다 손실이다. 그러나 평소에 이런 손해를 감수하고 마련해놓은 시설과 인력들이 코로나19 팬데믹과 같은 위기 상황에서 진가를 발휘했다. 이런 것들을 어떻게 비용 대비 편익으로 산출할 수 있겠는가?

70년 넘게 전쟁이 일어나지 않았는데 왜 대규모 군대를 유지하고 무기에 돈을 쓰느냐고, 비용 대비 효과적이지 않다고 이야기하는 정치인은 없다. 몇 년만 지나면 아이들이 줄어들어 건물이 남아돌 텐데, 신도시 아파트 단지에 왜 학교를 신축해야 하냐고 따져묻는 경제학자도 없다. 유독 공공보건의료는 시민의 건강, 심지어 사회적 안녕을 보호하는 중요한 일인데도 깐깐한 제약조건의 장벽에 부딪혀 번번이 좌절되었다.

사립병원은 '돈이 되지 않는 서비스'를 제공하지 않는다

국내의 64만여 개 병상 중에서 공공병원이 차지하는 비중은 10퍼센트 남짓이다. 그럼에도 코로나19 팬데믹이 시작되고 나서 2년 동안 공공병원이 전체 코로나19 환자의 80퍼센트를 진료했다. 기존 입원 환자들을 내보내고 외래진료와 응급실 축소도 마다하지 않았다. '공중보건 위기 상황이고 공공병원이니까 당연한 일'로 여겨졌다.

'공공이나 다름없다'고 했던 사립병원들은 조금이라도 열이 나는 환자들은 모두 공공병원으로 미루어버렸다. 심지어 "왜 공공병원들이 병상을 싹 비우고 코로나19에 대응하지 않느냐"고 야단을 치기도 했다. 사립병원들은 '메르스 때처럼 정부가 손실보상을 제대로 안 해줄 것이고, 다른 환자도 맡아야 하기 때문에 코로나19 진료에 나서기 어렵다'고 했다. 이쯤 되면 '그래? 그럼 공공병원이 알아서 할 테니까 너네는 빠져!'라고 큰소리칠 법도 하지만, 서글프게도 한국의 공공병원들은 이렇게 자존심을 내세울 수가 없다. 가진 게 너무 없기 때문이다.

2021년 8월 건강보험심사평가원이 발표한 자료에 따르면, 국내 의료기관들이 보유한 중환자 병상 개수는 총 1만 899개에 달한다. 소아, 신생아 중환자실을 제외하면 총 8,847개, 인구 10만 명당 17개로, OECD 평균 12개에 비해 높은 편에 속한다. 하지만 이 중에서 국립대병원을 포함한 공공병원들이 보유한 중환자 병상은 1,924개, 전체의 21.7퍼센트에 불과하다. 산재병원이나 보훈병원 같은 특수병원을 제외하면 숫자는 더욱 줄어든다. 공공병원만으로는 늘어나는 코로나19 중환자를 도저히 감당할 수 없었다. 병상 숫자만 적은 것이 아니라, 인력과 기술적 역량도 취약하다.

사실 전국의 지방 의료원들 중에서 위중증 코로나19 환자를 직접 진료할 수 있는 병원의 숫자는 많지 않았다. 대부분 경증이나 중등증 환자만을 진료하다가 환자 상태가 나빠지면 지역의 국립대병원이나 사립대병원으로 보내야 했다. 코로나19 대응에서 공공병원들이 큰 역할을 한 것은 분명 사실이지만, 자신의 몸집보다 큰 부담을 떠안아야 했고 그렇기 때문에 사립병원들에 의존할 수밖에 없었다.

공공병원과 사립병원의 이러한 관계는 영국이나 이탈리아 사례에 비춰보면 대단히 기이하다. 국립보건서비스NHS 제도를 운용하는 영국은 병상 대부분이 국가가 직접 소유한 공공병원에 속해 있다. 영국은 최근 수십 년 동안 NHS 예산이 꾸준히 삭감되고 의료 수요를 감당하지 못하면서 대기 적체 문제를 해결하기 위해 비응급 수술(고관절 치환술, 백내장 수술 등) 등을 사립병원에 위탁하는 방식으로 대응해왔다.

영국의 사립병원들은 외과 의사나 마취과 의사를 직접 고용하기보다 NHS 소속 전문의들을 활용한다. 당연히 중환자 병상을 보유한 사립병원은 거의 없다. 코로나19 팬데믹에서 영국 정부는 사립병원들과 계약을 맺어 NHS 진료 부담을 완화하려고 했지만, 그 결과는 실망스러웠다. 한 달에 약 4억 파운드(약 6,200억 원)를 사립병원에 지원했지만, 정작 사립병원들은 13개월 동안 영국 전체 코로나19 환자 진료량의 0.08퍼센트만 분담했다. 사실 이럴 수밖에 없었다. 사립병원들은 병상과 수술실은 있지만 전담 인력 없이 NHS 의료진에 의존해 왔는데, 코로나19 팬데믹 기간 중에 이들이 NHS 병원에서 일하느라 사립병원 진료를 수행할 수 없었던 것이다.[10]

또 다른 NHS 국가인 이탈리아 병원들은 크게 공공·사립·'공영형' 사립병원으로 구분된다. '공영형 사립'이란 민간이 소유하고 있지만 NHS 계약에 따라 의료서비스를 제공하는 곳이다. 공공이든 공영형 사립이든 NHS 병원에서는 대부분의 의료서비스가 무료다. 일부 특별한 서비스에 대해서만 본인부담금이 부과된다. 반면 사립병원은 모든 의료서비스 비용을 이용자가 직접 부담해야 한다. 사립병원들은 대체로 제한된 범위의 의료서비스만을 제공한다. 진단검사, 외래 전문의 진료, 비응급 시술 등 소위 '장사가 되는' 서비스 말이다.

반면 공공병원들은 응급의료를 비롯해 폭넓은 범위의 의

료서비스를 제공한다. 518개 공공병원 중 79.9퍼센트가 응급실을, 65.4퍼센트가 중환자실을 운영하는 반면, 전체 병원의 48퍼센트를 차지하는 공영형 사립병원에서는 단지 5.8퍼센트가 응급실을, 9.3퍼센트만이 중환자실을 운영한다. 상황이 이런데도 지난 10년간 이탈리아에서는 NHS 투자가 지속적으로 감소해, 2010~2017년 동안 공공병원이 634개소에서 518개소로, 공공병상 숫자도 인구 1,000명당 4.1개에서 3.5개로 줄어들었다. 그에 따라 병원의 정규 인력은 7퍼센트, 비정규 인력은 37.8퍼센트가 감소했다.

코로나19 유행 동안 이탈리아 NHS는 민간 부문과의 협력을 늘릴 수밖에 없었다. 문제는, 이렇게 전체 의료 시스템에서 비중을 늘린 민간 부문 병원들이 응급의료와 중환자 진료 등 복잡하지만 돈이 되지 않는 서비스들을 여전히 제공하지 않았다는 점이다. 코로나19 상황에서 정부는 사립병원들이 NHS를 조력하도록 재정지원을 했지만, 영국과 마찬가지로 그 역할은 매우 제한적일 수밖에 없었다. 애초에 응급의료나 중환자 진료처럼 비용이 많이 드는 복잡한 진료를 제공할 역량이 사립병원들에 없었기 때문이다.[11]

공공병원이 '소수파'로 전락한 이유

영국과 이탈리아는 진료 역량과 자원 측면에서 공공병원들이
압도적이었지만, 대유행을 감당하기에는 어려워 민간을 동원
한 반면, 한국은 양적·질적 측면에서 우세한 민간 의료 자원
을 최대한 보호하는 가운데 최약체 공공병원들이 전면에 나섰
다. 공공병원들이 공중보건 위기 대응의 최전선에 서는 것 자
체는 이상한 일이 아니지만, 그리고 마땅히 그래야 하는 일이
겠지만, 그런 임무를 가진 공공병원들이 민간에 비해서 이토
록 역량이 없다는 사실 자체는 분명 이상하다.

한국 정부는 건강보험의 도입과 확장을 통해 의료보장 강
화를 도모하면서도, 의료서비스를 직접 제공하려는 노력은 거
의 기울이지 않았다. 건강보험 대상자가 늘어나고 급여 수준
이 높아질 때마다 의료서비스 수요는 급증했지만, 정부는 직
접 병원을 세우기보다 민간 부문의 자원을 동원하는 데 집중
했다. 직접 사업비를 지원하거나 장기 저리低利 융자, 해외 차
관을 알선해가면서 사립병원의 건립과 이들의 시설·장비 확
보에 힘을 보탰다. 지역의 병상 총량을 규제하는 시스템이 사
실상 부재한 가운데, 사립병원 시장은 폭발적으로 성장했다.

　그동안 국립대병원과 일부 특수목적 병원을 제외한 대부분의 공공병원은 정치적 무관심과 투자 부족 속에서 지금 같은 '소수파'로 전락했다. 사실 민간 부문에 이 정도의 공적 지원을 했으면 정부가 어느 정도 통제력을 가질 법도 하지만 결코 그렇게 하지 않았다. 국가가 나서서 경제발전계획을 세우고 산업 부문을 직접 통제했던 것과 달리, 보건의료, 돌봄, 주거, 교육 그 어느 것도 국가가 직접 나서서 서비스를 제공하거나 관리해야 한다고 생각하지 않았던 것이다.

　코로나19 전담 병원으로 지정되면서 기존 진료를 상당 부분 축소했던 공공병원의 경영진들은 하나같이 코로나19 이후를 걱정했다. 그나마 지역사회에서 힘들게 쌓아올린 신뢰가 심각한 손상을 입었기 때문이다. "병원 자원을 탈탈 털어서 하고 있기 때문에, 응급센터는 당연히 포기했고요." "투석 환자도 70명까지 보았는데 지금 10명 남짓이거든요. 나머지는 다른 투석실을 간다는 이야기죠. 병원이야 쌔고 쌨잖아요. 우리 병원 좋아서 다니거나 했던 분들이 그리로 가게 되고 한 번 가면 안 오는 거죠." 바깥에서는 코로나19 영웅이라며 '덕분에'를 외쳤지만, 코로나19 팬데믹 기간에 들쭉날쭉 제대로 된 의료 서비스를 제공하지 못하는 병원에 기꺼이 다시 돌아갈 환자는 많지 않았다.

코로나19 전담 진료 기간이 길어지면서 그러지 않아도 미흡했던 공공병원의 의료 역량이 더욱 쪼그라들었다는 점도 심각한 문제다. "비뇨기과 수술하시는 분이 나가셨고, 정형외과 수술하시는 분 나가셨고, 치과 선생님도 나가셨고." "환자도 없고 외래도 보지 말라고 이러니까 내가 여기서 뭐 하나, 대개 구하기 힘든 과들이 많이 나갔다. 재활의학과, 심장내과…… 나중에 이 병원으로 참, 뭘 할지 걱정이다." 손실보상금으로 일시적 손실은 메울 수 있었다지만, 그 후유증은 지금도 현재 진행형이다.

코로나19에 대한 기억이 사람들의 머릿속에서 사라져가고 있는 지금, 공공병원들은 단골 환자도 의료 인력도 줄어든 만신창이 상태에서 힘겹게 살길을 찾아나가고 있다. 적자를 메우기 위해 돈벌이에 나서거나, 적자·저투자·낙후·적자의 악순환에 빠지거나……. 그리고 그 대가는 다음번 공중보건 위기에 청구서가 되어 우리 사회에 날아올 것이다.

제4장

건강
약자들을
위해

우리가 왜 아픈지
알아낸다는 것

야간 교대근무와 가족력

얼마 전 다른 일 때문에 만난 노무사가 답답한 일이 있다며 하소연을 했다. 전자산업에서 교대근무를 하는 여성 노동자가 유방암에 걸려 산재 보상을 청구했는데, 산재 승인이 쉽지 않다는 이야기였다. 두 가지가 쟁점이었다. 교대근무 기간이 충분히 길지 않았고, 가족 중에 유방암 환자가 있었다. 2019년, 세계보건기구 산하 국제암연구소IARC는 야간작업을 포함하는 교대근무가 '인체 발암성 추정 요인'이라고 결론을 내렸다.[1]

실험 동물에서는 발암성의 충분한 근거가 확인되었고, 인간에게서는 그 근거가 제한적이라는 뜻이다. '일주기circadian 리듬(대략 매 24시간을 주기로 반복되는 생물학적 활성의 변화)'의 혼란으로 인한 내분비계 교란이 주요 기전이며, 일정 기간 이상 야간근무를 하면 유방암, 전립선암, 대장암 위험이 높아질 수 있다고 했다.

이 결론을 도출하기 위해 활용된 역학연구 중에는 유명한 미국 간호사 연구가 있다. 이 연구는 한 달에 최소 3회 이상 야간근무를 하는 경우를 야간 교대근무 집단으로 정의하고, 다른 요인들을 보정한 상태에서 교대근무를 전혀 하지 않는 집단과 암 발생률을 비교했다. 교대근무 연수가 길어질수록 유방암의 상대 위험도가 높아졌고, 특히 20년 이상이면 뚜렷한 위험 증가를 확인할 수 있었다. 다른 연구들도 교대근무 기간이 상당히 길었을 때 유방암 위험이 분명하게 나타났다.

이런 연구 결과에 비춰볼 때, 교대근무 기간이 충분히 길지 않다면 유방암의 업무 연관성을 인정하기 어렵다는 것이다. 또한 유방암에서 가족력은 중요한 위험 요인이다. 특히 직계 여성 가족 중에 유방암 환자가 있는 경우에 유방암 발병 위험이 높아진다. 잘 알려진 유방암 유전자BRCA의 경우, 변이가 있는 사람이 80세까지 산다고 하면 10명 중 최대 7명이 유방암에 걸릴 수 있다고 한다. 앤절리나 졸리Angelina Jolie가 예방적 유방절제술을 받은 것도 바로 이 유전자 때문이었다. 그러니 유방암이 발병한 노동자 가족 중에 유방암 환자가 있다면 이 사례는 업무보다 가족력 혹은 유전적 소인 때문이라는 논리다. 표면적으로 그럴듯해 보인다.

위해가 위험으로 가는 길

무엇이 질병의 발병에 기여했는지 원인을 판단하는 것은 결코 쉬운 일이 아니다. 질병의 원인은 보물찾기 놀이처럼 숨겨진 상태로, 발견되기만을 기다려주지 않는다. 학술적 차원과 실천적 차원에서 맥락을 고려해야 하고 대부분 적극적 해석이 필요하다.

우선 건강 위험risk은 위해hazard와 노출exposure의 상호작용에 의해 결정된다. 야간근무 1회가 인체에 미치는 위해는 비슷할 수 있지만, 어떤 방식으로 얼마나 노출되느냐에 따라 건강 위험은 달라질 수 있다는 뜻이다. 예컨대 충분한 인력으로 3교대를 하면서 한 달에 3회 야간근무를 하고 야간근무 후에는 이틀을 완전히 쉬는 근로환경에서 20년 동안 일한 간호사가 있다. 반면 인력이 부족해서 월 8회 이상 야간근무를 해야 하고, 밤 근무를 마친 후 퇴근해서 겨우 하루만 쉬었다가 바로 다음 날 아침 출근하는 생활을 5년 동안 반복한 간호사가 있다. 심지어 5년 동안 주야 맞교대를 하며 화학물질을 다루는 생산 현장에서 일한 노동자도 있다. 이들의 교대근무 기간이 5년밖에 안 되니까 위험이 훨씬 적다고 말할 수 있을까? 노동 환경이 상당히 다른 해외 역학연구에서 산출한 상대 위험도를 한국에 그대로 갖다 쓸 수 없는 이유다. 교대근무라는 위해뿐만 아니라, 그 노출의 강도를 반드시 같이 고려해야 한다.

국내에서 발생했던 2-브로모프로판2-bromopropane, 메탄올 중독 사건은 환경 요인이 건강에 미치는 영향에서 특정 물질이나 위험 요인 자체의 속성만이 아니라 노출의 맥락이 얼마나 중요한지를 잘 보여준다. 2-브로모프로판은 오존층 파괴의 주범으로 알려진 프레온의 대체물질이다. 국내의 한 제조업체가 1994년 이를 도입해 생산 공정에 사용한 지 1년 만에 여성 노동자 11명이 월경 중단, 2명은 재생불량성 빈혈에 걸리는 일이 벌어졌다.

추가 역학조사에서 남녀 노동자 28명의 생식 기능 저하도

확인되었다. 당시 이 사건은 2-브로모프로판에 의한 세계 최초의 직업병 보고 사례였다. 그동안 세계적으로 건강 문제가 보고된 적이 없었고, 또 한국에서만 이 물질을 사용한 것도 아닌데 왜 이런 사건이 터졌을까? 환기 시설이나 보호구 같은 기본적 안전보건 장비도 없이 '그냥 막' 썼기 때문이다.[2]

2016년 메탄올 실명 사건도 비슷하다. 메탄올은 가장 단순한 알코올 화합물이고 인체 독성도 오래전부터 잘 알려져 있었다. 그래서 우발적 사고나 범죄가 아니면 메탄올 중독이 일어날 가능성은 낮다(고 생각했다). 이를테면 유명 관광지에서 범죄 조직이 가짜 술을 만들면서 에탄올 대신 저렴한 메탄올을 사용하는 바람에 관광객이 실명했다는 해외 단신, 애주가들이 차량 유리 세정액을 술로 오인해서 마셨다는 화제성 뉴스, 작업 현장에서 실수로 용기를 쏟아 메탄올에 노출되었다는 정도가 예상 가능한 범위였다.

그런데 휴대전화를 만들던 청년 여럿이 메탄올에 중독되어 실명에 이르렀다. 처음 이 소식을 접했을 때에는 노동자들이 착오로 메탄올을 마신 것은 아닐까 생각했다. 메탄올 증기로 가득 찬 작업장에서 호흡을 통해 이 정도 중독에 이를 수 있다고 생각해본 적이 없었기 때문이다. 이 두 사건에서 2-브

로모프로판과 메탄올 자체는 죄가 없었다. 이 물질들의 독성
이 한국에서만 특별히 극악무도했던 것은 아니지 않는가? 작
업 위험성에 대한 노동자 교육은 물론 배기 장치와 보호 장비
도 없이 노동자들이 일해야 했던 작업 환경, 미흡한 규제 집행
이야말로 건강 위험의 진정한 '원인'이라고 말할 수 있었다.

유전인가, 환경인가?

가족력은 어떤가? 가족력은 다른 무엇보다 주요한 암의 기여
요인인가? 현실에서 대부분의 질병은 단일 요인이 아니라 여
러 가지 요인의 기여와 상호작용에 의해 발생한다. 중피종中皮
腫(복막·흉막·심막 등의 중피 조직 유래의 악성종양)이 발견되면 자
동으로 과거 석면 노출을 의심하는 것처럼 원인 결과의 특이
도가 높은 몇몇 예외 사례가 있기는 하지만, 대부분의 질병은
그렇지 않다. 이를 두고 '질병의 다요인설multiple causation theory'
이라고 부른다. 그렇다면 가족력 혹은 유전적 소인은 어떻게
바라보아야 할까? 유전이 더 중요할까, 환경 요인이 더 중요할
까? 이 대답이 항상 고정된 것은 아니다. 여기에서도 '맥락'이
작동한다.

역학 분야에서는 유전과 환경 요인의 상대적 중요성을 설명하는 예시로 페닐케톤뇨증Phenylketonuria, PKU이라는 선천성 대사질환 사례를 흔히 인용한다. PKU는 페닐알라닌 대사에 관여하는 유전자의 결함 때문에 페닐알라닌과 그 대사산물이 몸에 축적되는 질환이다. 오랜 시간 누적되면 지능 저하와 색소 피부 침착 등 여러 건강 문제를 일으킨다. 그러나 PKU 유전자 결함을 타고났다 해도 페닐알라닌이 함유되지 않은 특수 분유를 먹고 페닐알라닌 제한 식이를 하게 되면 정상 유전자를 지닌 이들과 비슷한 건강 상태를 누릴 수 있다. PKU의 원인은 분명 유전자 이상이지만, 교정 가능한 요인이 개입되면서 기여 요인 판단이 전혀 다른 방식으로 이루어질 수 있다.

어떤 인구집단에서 PKU 유전자 변이를 모두 제거할 수 있다면 PKU 발병 사례를 100퍼센트 예방할 수 있을 테고, 이 경우에는 누가 뭐래도 유전자가 100퍼센트 기여 요인이다. 반면 모두가 페닐알라닌 없는 식이를 하는 지역사회라면, 인구 중 몇 명이 PKU 이상 유전자를 가지고 태어났는지에 상관없이 PKU 발병을 100퍼센트 예방할 수 있을 것이다. 이때에는 식이가 100퍼센트 기여 요인이다. 모두가 페닐알라닌을 많이 섭취하는 지역사회에서 몇몇 사람만 PKU 유전자 변이를 가지고 있다면, 이 집단에서 관찰되는 PKU 발병의 변이는 전적으로 유전자 때문이지 식이 탓은 아니다. 반대로 모든 사람에게 PKU 유전자 결함이 있고 페닐알라닌 섭취에서만 차이가 있다면, 이 경우에는 유전자가 아니라 식이가 결정적 기여 요인이된다.

유전이 질병 발병의 '필요조건'인 것은 맞지만, 인구집단 수준에서 볼 때 유전자와 환경 요인을 완벽히 떼어내서 각각의 기여 정도를 평가하는 것은 타당하지 않다. 황희 정승의 판결처럼 이쪽 말도 옳고 저쪽 말도 옳다는 것은 아니다. 특정 원인의 인구집단 기여 정도는 맥락에 따라서 상당히 다르게 측정될 수 있다는 말이다. 하물며 개인 수준에서 각각의 기여 정도를 평가하는 것은 불가능에 가깝다.

결핵균에 감염되지 않고는 결핵이라는 질환에 걸리지 않지만(필요조건), 결핵균에 감염되었다고 모두 결핵에 걸리는 것은 아니다. 영양과 면역 상태 같은 환경 요인이 중요한 역할을하기 때문이다(충분조건). 예컨대, 가족력이 있어야만 유방암에 걸리는 것도 아니고, 유전적 소인이 있다고 해서 모두 유방암에 걸리는 것도 아니다. 유전적 요인의 기여는 대부분 환경이라는 맥락 안에서만 평가할 수 있다.

이렇게 본다면, 가족력이 유방암 위험을 증가시킨다는 것 자체는 사실이지만 이것이 다른 요인, 특히 작업 환경 요인의 효과를 배제하는 단서로 쓰이는 것은 부적절하다고 할 수 있다. 유전적 소인과 무관하게 작업 환경이나 생활습관 요인이 암의 발병에 기여할 수도 있고, 또한 이러한 요인들이 유전적 소인과 상호작용할 수도 있기 때문이다. 유방암의 유전적 소인이 큰 노동자가 교대근무와 화학물질 유해 환경에, 그것도 첫 임신 전 젊은 나이에 노출된다면 유방암 위험은 훨씬 높아질 것이다. 이때 결정적 기여 요인은 유전자인가, 작업 환경인가? 우리는 질병의 여러 원인 중 반드시 하나만 선택해야 하는 것은 아니며, 그렇게 할 수도 없다.

전통적 인과론에서는 A라는 사건과 B라는 사건이 시공간적으로 인접해 있고, 선행하는 A 사건에 의해 B가 발생하며, A 사건이 없었더라면 B가 일어나지 않았을 경우에 A는 B의 원인이라고 말한다. 그런데 앞서 살펴본 것처럼 현실에서는 어떤 사건 B가 발생하는 데 A만 작용하지 않고 C·D·E가 함께 작동한다. 때로는 Z라는 요인이 함께 있어야만 A가 효과를 발휘할 수도 있다. 또한 A라는 요인이 분명히 원인이지만 심층 기저에서 작동하기 때문에 우리가 인식하지 못할 수도 있다.

A 사건이 B의 발생에만 영향을 미치는 것이 아니라 X나 Y 같은 다른 사건에 영향을 미치는 경우도 있다. 현실에서 건강 문제의 특정 원인을 규명하고 각 요인의 '독립적 효과'를 측정하는 것은 매우 어렵고 가끔은 불가능한 과정이기도 하다.

특히나 원인 규명의 과정이 실험실이 아니라 현실 사회에서 이루어져야 할 때는 더욱 그렇다. 우리가 어떻게 연구를 설계하느냐에 따라 똑같은 현실을 놓고도 원인에 대한 판단과 대책이 달라질 수 있다. 생각해보자. 가난한 한 부모와 함께 사는 것이 어린이의 건강에 어떤 영향을 미치는지 파악하기 위해 우리는 어떤 대조 집단을 구상해야 할까? 부유한 엄마 아빠와 함께 사는 어린이를 대조 집단으로 삼는다면, 비교는 '가난한 한 부모 대對 부유한 양친'이 될 것이고 어린이 불건강의 원인(위험 요인)은 아마도 '가난한 한 부모'가 될 것이다. 그렇다면 대책은 무엇인가? 홀로 된 부모에게 부유한 배우자라도 찾아주어야 하는 것일까?

이번에는 똑같은 한 부모 빈곤 가정 어린이인데 국내가 아니라 사회보장제도가 잘 갖춰진 스칸디나비아 국가의 어린이와 비교해보자. 이 경우 비교는 '부실한 복지정책 대對 잘 갖춰진 복지정책' 사이에서 이루어지고, 어린이 불건강의 원인은 '부실한 복지정책'이 될 것이다. 그렇다면 대책은 아동복지 정책의 강화가 될 가능성이 크다. 인간을 다루는 대부분의 연구는 엄밀한 과학적 평가 따로, 그 결과에 대한 사회적 해석이 따로 있는 것이 아니라 연구의 설계 자체가 사회적 맥락 속에 배태되어 있음을 보여준다.

질병은 예측 불확실성이 크다

모든 사람이 하루에 담배를 1갑씩 피우는 사회에서 역학연구를 한다면, 코호트 연구를 하든 환자 대조군 연구를 하든 담배가 폐암의 원인임을 발견해내기 어려울 것이다. 폐암 발생의 차이는 오로지 개인의 취약성, 즉 유전적 요인이나 완전히 운에 의해서만 일어나기 때문이다. 그러나 흡연율이 훨씬 낮은 다른 인구집단과 비교한다면, 담배가 폐암의 원인이라는 점은 비교적 쉽게 확인할 수 있고, 또 그 대응으로 담배 규제 정책을 펼칠 수 있다. 담배가 폐암의 원인인지 전혀 짐작하지 못하는 상태에서 똑같이 담배 피우는 사람들만을 두고 이런저런 다양한 연구를 하며 원인을 찾아 헤매는 것 같은 상황이 현실에서는 얼마든지 일어날 수 있다. 어두운 밤길에 떨어뜨린 물건을 찾기 위해 물건을 흘린 장소가 아니라 가로등 밑에서만 헤매는 것처럼 말이다.

우리 사회는 여전히 특정 요인의 절대적 효과, 개별적인 원인주의 접근에 기울어져 있고, 그 원인이 작동하는 환경이나 연구 근거의 맥락에 대해서는 주의를 덜 기울이는 경향이 있다. 업무상 자살에 대한 법원의 산재 인정 판결문에는 비슷한 문구들이 반복적으로 등장한다. "과거에 우울증을 앓은 전력이나 업무 외에 이러한 증상을 유발할 만한 다른 유인이 발견되지 않은 점", "다른 지병이나 경제적 어려움을 겪고 있지 않았기에 업무상 스트레스를 제외하고는 정신적·육체적으로 자살을 결심할 만큼의 우울증 악화 요인을 찾기 어렵다"는 식이다.

다른 위험 요인은 없이 오로지 업무와 관련된 위험 요인만 있어야 업무 관련성을 인정한다는 뜻이다. 다시 말해 과거에 우울증을 앓았거나(즉, 생물학적 자살 소인이 이미 존재하거나), 가정불화, 경제적 어려움 같은 다른 위험 요인이 있다면 그 죽음은 업무 때문이라고 보기 어렵다는 것이다. 가정에서도 힘든데 직장에서 겪는 어려움이 겹쳤다든가, 평소 우울 성향이 직장 내 괴롭힘 때문에 악화되어 자살에 이르렀다면 업무 연관성이 없다고 말해도 되는 것일까?

많은 사람이 과학은 객관적인 정답을 제시하며, 그것을 둘러싼 사회적 판단은 다른 차원의 문제라고 생각하는 경향이 있다. 과학의 영역과 사회적 가치판단의 영역을 분리하기도 한다. 코로나19 시기의 '정치 방역' 대 '과학 방역'이라는 이분법처럼 말이다. 물론 이러한 접근이 타당한 분야도 있다. 그러나 인간의 삶을 다루는 보건과 복지 분야에서는 이러한 이분법적 접근이 어려운 경우가 많다. 우선 질병의 생물학적 기전에 대한 지식이 아직 부족하고, 또 생물학적 우연성이 중요한 역할을 하기에 예측의 불확실성이 크다. 2016년 메탄올 실명 사건처럼 노출 상황이 학문적 상식을 벗어나기도 하며, 대조집단을 어떻게 설계하느냐에 따라 문제의 원인 진단과 대처의 지점이 전혀 달라질 수도 있다. 우리가 사회적 관점에서 질병을 예방하고 대응책을 마련하기 위해서는 원인, 인과성, 기여요인에 대한 생각의 폭을 훨씬 더 넓혀야 한다. 이는 연구자에게만 해당하는 이야기가 아니다. 맥락이 중요하다.

수많은 생명을 구한
역학조사

역학조사는 원인 규명을 어떻게 할까?

2015년 메르스, 뒤이은 코로나19 대유행과 각종 건강 피해 사건들 덕분에 사람들 사이에서 '역학疫學'이 널리 알려졌다. 예전에는 역학을 전공했다고 하면 "그게 뭐 하는 거냐"고 묻던 사람들이 이제는 "아, 역학조사?"라고 말한다. 명리학의 역학易學과 물리학의 역학力學에 크게 뒤졌던 대중적 인지도가 조금 높아졌다고 생각하면 전공자로서 내심 흐뭇하다.

그러나 슬프게도 역학연구나 역학조사와 관련된 보도에

가장 많이 따라붙는 단어는 '엉터리' 혹은 '부실'이다. 하루가 멀다 하고 결과가 뒤집히는 건강 뉴스는 역학에 대한 불신을 부추기는 일등 공신이기도 하다. 하루는 '○○가 건강에 이롭다'고 했다가 또 다른 날은 건강에 해로우니 적게 섭취해야 한다는 뉴스가 주기적으로 반복된다. "도대체 어쩌라는 거냐?"는 댓글이 달릴 만도 하다.

그럼에도 역학조사와 역학연구를 요구하는 목소리는 크다. 노동자의 직업병, 소비 상품이나 지역 환경오염의 건강 피해가 의심되는 상황에 직면하면 정부는 대개 '역학조사 시행 예정' 혹은 '역학연구가 아직 진행 중'이라고 답변한다. 때로는 피해 당사자들이 진상규명을 위한 역학연구를 먼저 요구하기도 한다. 그렇지만 연구 결과가 나오면 도돌이표처럼 부실과 엉터리 논란이 시작된다. 이 아이러니한 상황을 어떻게 이해해야 할까?

역학은 어떤 식으로 원인을 규명하거나 연관성을 찾아낼까? 역학연구 설계의 황금률이라고 하는 임상시험 과정은 역학연구의 특징을 잘 보여준다. 예컨대 고혈압을 치료하는 신약이 기존 약보다 더 효과가 좋은지 평가하려면 다음과 같은 과정을 거친다. 우선 일정한 조건(예를 들면, 40대 이상이면서 다른 중증질환이 없는 사람)에 해당하는 고혈압 환자들을 무작위로 신약 치료군과 대조군으로 할당한다. '무작위' 할당이 중요한 이유는 더 건강하거나 나이가 젊거나 투약 규칙을 잘 지키는 사람들이 신약 치료군에 더 많이 배정되거나 더 적게 배정되면 신약의 효과가 실제보다 과대 혹은 과소 평가될 수 있기 때문이다. 무작위 할당은 기본 건강 상태, 나이, 사회적 배경 등 '혼란 요인'이 두 군 사이에 고르게 분포하도록 만드는 가장 좋은 방법이다.

이렇게 치료군과 대조군이 확정되면 각각의 집단에 신약과 기존 약을 일정 기간 투여한 후, 두 집단의 혈압이 얼마나 낮아졌는지 효과를 비교한다. 이 과정에서도 약을 처방하는 의사나 약을 투여받는 환자 모두 자신들이 어떤 약을 사용하는지 모르도록 해야 한다. 이를 '눈가림법blind method'이라고 한다. 그래야 환자의 치료 경과에 영향을 줄 수 있는 다른 요인들을 통제할 수 있기 때문이다. 이를테면 의사가 신약의 효과를 기대하면서 환자를 좀더 꼼꼼하게 진료한다든가, 환자가 자신이 신약 투여군이 아님을 알고 실망해 연구 참여를 그만두거나 몰래 다른 조치를 취할 수도 있기 때문이다.

여기에 또 한 가지 중요한 요소가 있다. 임상시험은 연구 시작 전 효과 입증에 필요한 표본의 숫자를 미리 계산하고 이 숫자만큼 환자를 모집한다. 표본 숫자가 늘어나면 임상적으로는 별 의미 없는 작은 차이도 '통계적으로 유의'해질 수 있기 때문이다. 이 모든 연구 과정은 연구 계획 단계에서 사전에 상세히 작성된 프로토콜에 따라 이루어진다. 대상자 모집부터 무작위 할당의 규칙, 투약 방법, 자료 수집 절차, 최종 통계 분석 방법까지 모두 이를 따라야 한다. 비록 동물실험처럼 완벽하게 통제된 상황은 아니지만, 원인적 연관성을 입증하기에 최선의 접근법이다.

역학조사가 밝힐 수 있는 것과 없는 것

현실에서는 이 모든 엄격한 절차가 불가능한 경우가 많다. 담배가 폐암을 일으키는지 확인하기 위해 건강한 사람들을 무작위로 할당해 한쪽에는 30년 동안 담배를 피우게 하고 한쪽에는 담배 연기 근처에도 못 가게 하면서 그 결과를 비교할 수는 없다. 현실적으로 불가능하고 윤리적으로도 용납할 수 없다. 마찬가지로 유해 물질을 배출하는 공장이 주변 주민들에게 암을 일으키는지, 반도체 생산 노동자들의 백혈병 위험이 높아지는지 알기 위해 이들을 무작위로 위험 요인에 노출시키고 수십 년간 관찰하는 것은 불가능하다. 할 수 없이 우리는 이미 수집해놓은 자료, 심지어 연구는 전혀 염두에 두지 않고 수집해둔 자료들을 이용해서 임상시험 같은 상황을 '설계'할 수밖에 없다. 그러다 보니 여러 문제점이 생겨난다.

우선 비교 집단을 무작위로 할당할 수 없다. 그래서 비교 가능성의 문제가 제기된다. 흔히 직업성 암 발생이 늘어났는지 확인하기 위해서는 해당 사업장이나 산업 종사자의 암 등록, 사망 통계자료를 이용해 사례 수를 확인하고, 인사 자료나 고용보험 자료를 이용해 분모를 확정한다. 그리고 전체 국민의 성별, 연령별 암 발생률이나 사망률을 이용해 연구 대상 노동자 집단의 분모에 적용하여 예상되는 사례 수, 즉 '기댓값'을 산출한다. 이렇게 구한 기댓값과 노동자들 사이에서 실제 관찰된 사례 수를 비교해 표준화 발생비Standardized Incidence Ratio, SIR 혹은 표준화 사망비Standardized Mortality Ratio, SMR를 계산한다.

표준화 사망비가 150이라고 하면, 전체 국민과 비교했을 때 특정 산업 노동자들의 사망률이 150퍼센트, 즉 1.5배 높다는 뜻이고, 100이면 둘 사이에 차이가 없다는 뜻이다. 예컨대 반도체 제조가 실제로 건강에 유해하다면 암의 표준화 발생

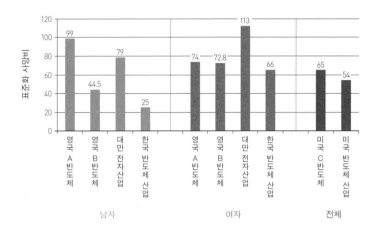

〈표 1〉 반도체·전자산업 종사자의 일반 인구집단 대비 표준화 사망비[3]

비나 표준화 사망비는 100을 훌쩍 넘겨서 나타나야 한다. 그런데 여기에 한 가지 문제가 있다. 대개 취업자들은 전체 인구보다 건강한 경향이 있다. 건강이 뒷받침되어야 일을 할 수 있기 때문이다. 분명히 위험한 일자리 같은데 막상 분석해보면 오히려 전 국민에 비해 사망률이나 암 발생률이 낮은 것으로 나타나는 경우가 많다. 이를 '건강 근로자 효과Healthy Worker Effect'라고 한다.

예컨대 〈표 1〉에서처럼 반도체 산업 종사자를 대상으로 한

국제 역학연구들이 추정한 표준화 사망비는 대부분 100에 미치지 못한다. 심지어 한국 남성 노동자는 그 값이 25에 불과하다. 전체 국민과 비교해 사망 수준이 4분의 1에 불과하다는 것이다. 이렇게 기본 건강 수준이 월등하게 좋다면 어지간히 위험이 높아지지 않는 이상 눈에 띄기 어렵다. 게다가 반도체 산업 안에도 생산직과 사무직이 있고, 생산직 안에도 클린룸clean room에 출입하며 화학물질에 더 많이 노출되는 이들과 클린룸 작업을 하지 않는 이들이 있고, 또 같은 클린룸 근무라도 오래 근무하며 더 많이 노출된 이들과 상대적으로 짧게 근무한 이들이 있다. 이들을 모두 '반도체 종사자'로 뭉뚱그려 전체 국민과 비교해버리면 위험의 효과는 희석되기 마련이다.

그럼 내부 비교를 하면 되지 않을까? 생산직과 사무직, 클린룸 출입자와 비출입자, 장기와 단기 근무자 등으로 말이다. 좋은 생각이다. 문제는 직군, 업무, 사용 물질, 근무 기간에 대한 정보들이 처음부터 연구 목적으로 엄밀하게 측정되고 기록된 것이 아니라는 점이다. 예전 기록이 남아 있지 않거나, 직군 분류가 행정적 목적으로 달라지기도 하고, 시간이 지나면서 업무 속성 자체가 바뀌기도 한다.

그나마 대기업 정규직은 좀 낫다. 중소기업은 잦은 인수합병이나 폐업 때문에 기록이 소실되기도 하고, 비정규직이나 하청업체 직원처럼 근무 기록 자체가 부실한 경우도 흔하다. 실제 연구에서는 유해 요인 노출 수준을 구분하는 것 자체가 굉장한 도전이다. 이렇게 유해 요인 노출 상태를 제대로 분류하지 못하면, 위험을 과소평가하는 방향으로 바이어스bias(비뚤림)가 생겨날 가능성이 크다.

역학연구는 '쓰레기 과학'이다?

표본 크기도 문제다. 예컨대 2008년 산업안전보건연구원의 역학조사에서 고용보험 자료를 통해 파악한 반도체 산업 종사자 숫자는 17만여 명이었지만, 10년 동안 림프조혈기계 암으로 사망한 사람은 22명에 불과했다. 한 명 한 명의 희생은 비극이지만, 암같이 드물게 발생하는 질병의 위험을 추정하기에는 여전히 충분치 않은 숫자다. 게다가 남녀를 구분하고 소집단별로 위험을 확인하게 되면 통계 추정의 정밀도는 더욱 낮아져 '유의한' 차이를 확인하기가 더욱 어려워진다. 지역 환경 오염 사례에서도, 피해를 호소하는 지역은 주민 숫자가 고작 수천 명인 작은 마을이 대부분이라 여기에서 무언가 의미 있는 차이를 발견하기는 매우 어렵다. 이토록 제약이 많은데도 역학연구가 여전히 필요할까?

하나의 역학연구가 명쾌한 답을 줄 것이라는 기대도, '알고 보니 순 엉터리'라는 폄훼도 부적절하기는 마찬가지다. 앞서 살펴본 사례처럼 여러 제약이 있지만, 역학은 건강 문제의 원인을 밝히는 데 여전히 유용하고, 때로는 유일한 근거가 된다. 우리가 현실에서 부딪히는 보건 문제들은 잘 설계된 임상시험이나 엄격하게 통제된 동물실험 연구를 통해 탐구하기 어려운 경우가 많기 때문이다.

실제로 역학은 여러 제약이 있지만, 최선의 결론을 통해 많은 사람의 목숨을 구했다. 아직 세균이라는 존재가 세상에 알려지기 전인 1854년, 존 스노John Snow는 꼼꼼한 역학적 방법으로 영국 런던의 콜레라 유행이 수돗물 오염 때문이라는 것을 밝혀내 인명 피해를 막았다. 담배 안의 발암물질을 구체적으로 찾아내기 훨씬 전, 흡연과 폐암의 연관성을 입증해 담배를 규제하게 만든 것도 역학연구 덕분이었다. 오늘날 작업장의 수많은 유해 요인을 규제할 수 있게 된 것도 마찬가지다. 현실적으로 존재할 수밖에 없는 제약에도, 연구가 발견해낸 것이 무엇을 의미하는지, 어떤 점에 주의하며 해석하고 받아들여야 하는지 토론한 결과다.

이러한 불확실성 때문에 역학은 항상 공격의 대상이 되었다. 대표적으로 담배 회사들은 담배의 유해성을 규명한 역학 연구들을 '쓰레기 과학junk science'이라고 비판했다. 작업장 유해 요인에 대한 규제 도입에서도 기업들은 컨설팅 회사를 고용해 역학연구의 한계점을 비판하며 규제가 부당하다고 맞서 왔다. 아직 위험이 보고된 사례가 없다는 주장, '확실한' 결과가 나올 때까지 결론을 미루어야 한다는 주장, 아니면 상충되는 연구 결과를 제시함으로써 대중을 혼돈에 빠뜨리는 것이야 말로 반대 측의 흔한 수법이다.

과학은 스스로 정답을 제시하지 않는다

세상에 완벽한 역학연구는 없다. 오지 않을 미래를 기다리며 중요한 결정을 미루기보다는 '정답'이 아니더라도 '가용한 최선'의 근거에 기대어 결정해야 하는 순간들이 있다. 연구 설계나 대상 집단의 차이가 있지만, 일관된 결과가 도출된다면 충분히 연관성을 의심해볼 가치가 있다.

예컨대 반도체 역학연구들은 앞에서 살펴본 것처럼 일관

되게 위험을 과소평가하는 방향으로 바이어스가 작동하지만, 여러 연구가 기댓값 이상의 비호지킨 림프종Non-Hodgkin Lymphoma 사망률을 보고했다. '통계적으로 유의하지 않은' 결과가 대부분이었지만 이는 표본 크기가 작기 때문에 어쩔 수 없는 부분이기도 하다.

무엇보다 통계적 유의성에 집착하는 것 자체가 과학적으로 바람직하지 않다. 2019년 통계학자와 역학자를 포함한 전 세계 과학자 800여 명이 '제발 통계적 유의성의 이분법에 매달리지 말자'는 내용의 성명서를 발표했을 만큼 이 문제는 학계의 고질병이기도 하다. 흔히 사용하는 유의성 판단 기준 0.05는 관례적으로 쓰여온 자의적 숫자에 불과하며, 통계적으로 유의하지 않다는 것이 '연관성이 없다는 증거'는 결코 아니다. 통계적 유의성은 '모 아니면 도'의 이분법적 해석이 아니라 자료가 가설에 얼마나 부합하는지, 불확실성의 '정도'가 얼마나 되는지를 보여주는 것으로 해석되어야 한다.[4]

더구나 유념해야 할 것은 학술적으로 인과성을 규명하는 일과 사회보장 혹은 규제 기준을 마련하는 일은 별개의 영역이라는 점이다. 산재보험은 사회보장제도이기 때문에 어느 정도의 개연성만 인정된다면(소위 '상당 인과관계') 피해자를 보호하는 방식으로 운영되어야 한다. 또한 학술적으로는 논쟁이 있다 하더라도, 비가역적 건강 피해의 가능성이 있는 요인이라면 확실한 증거를 기다리기보다 사전 예방의 원칙에 따라 규제를 시행하는 것이 바람직하다. 분명한 인과성과 기전을 탐구하는 것은 과학의 마땅한 소명이지만, 사회정책과 규제는 과학의 원칙만으로 작동하지 않는다.

역학연구를 직접 수행하는 것은 전문가들이지만, 그 결과가 우리 모두의 건강과 삶에 미치는 영향이 매우 크다는 점에서 시민들은 역학을 좀더 잘 이해할 필요가 있다. 역학연구에 내재한 불확실성의 속성, 연구 결과를 둘러싼 이해 당사자의 정치, 건강과 안녕에 대한 사회적 혹은 기술적 보호 장치의 역할을 이해해야 이 도구를 활용해 좀더 나은 사회적 결정을 내릴 수 있을 것이다. 과학은 스스로 정답을 제시하지 않는다.

건강이
불평등하다

영국 의사들은 어떻게 담배를 끊었을까?

양극화와 소득 불평등을 다룬 뉴스 기사마다 따라붙는 댓글들
이 있다. "통계에 안 잡혀서 그렇지 현실은 더 심하다", "재벌
이 문제다", "귀족노조가 문제다", "정부는 뭐 하고 있냐". 그런
데 건강 불평등 문제를 다룬 기사에는 이와 조금 다른 댓글이
달린다. "세상만사가 원래 불평등하다", "이걸 이제 알았냐?",
"이딴 걸 연구라고 하냐?" 같은 일종의 '만사 불평등론'이다.
　또 다른 댓글 유형은 '현실 부정론'이다. 건강에 불평등이

존재한다는 통계 자체가 잘못이라는 것이다. "내가 입원해보
니 대기업 임원이라는 사람도 똑같은 병에 걸렸더라", "내가
아는 사람의 아는 사람도 그렇게 집에 돈이 많았는데 어느 날
자살했다", "각자 자기가 건강 관리하기 나름이지 현실은 이렇
지 않다"는 식이다. 다른 종류의 불평등 문제에 대해서는 좀처
럼 나타나지 않는 이러한 반응이야말로 건강 불평등 문제의
복잡성을 잘 보여준다.

건강 불평등이란 말 그대로 건강이 불평등하다는 것을 뜻
한다. 좀 이상하다. 사람마다 키도 다르고 몸무게, 피부색, 머
리카락 길이가 모두 다른데, 당연히 모든 사람의 건강이 평등
할 리 없지 않은가? 그러나 우리가 '불평등'하다고 이야기할 때
는 단순히 '같지 않다'가 아니라 '무언가 옳지 않다', '공정하지
못하다'는 가치판단을 포함하는 것이 보통이다. 우연에 의한
차이나 어쩔 수 없는 차이보다는, 어떤 사회적·구조적 요인
때문에 생기는 차이를 두고 불평등하다고 말한다.

건강 불평등도 사람마다 혈압이 다르고 체지방량이 다르
다는 사실 그 자체보다는 살고 있는 지역, 학력이나 소득, 자
산, 직업 계층 등 사회경제적 위치에 따라 건강 수준에 체계적
차이를 보이는 '문제적' 현상을 지칭한다. 한국 사회에서 평균

수명이든 자살 사망률이든, 혹은 대사증후군 유병률이든 흡연율이든 간에 건강에 사회경제적 불평등이 존재한다는 연구는 차고 넘친다. 물론 건강은 사회적 요인뿐 아니라 생물학적 요인이나 순전히 우연에 의해서도 영향을 받기 때문에 이런 '사회적 패턴'에서 벗어나는 예외적 사례는 어디에서나 볼 수 있다. '우리 할아버지가 하루에 담배를 2갑씩 피우셨는데 90세까지 무병장수하셨다'는 사연처럼 말이다. 하지만 개인들이 주위에서 만난 몇몇 사례를 통해 이러한 통계를 뒤집을 수는 없다.

건강 불평등은 절대 저절로 일어나지 않는다. 당연한 것도, 원래 그런 것도 아니다. 지금 보면 말도 안 되지만 1940~1950년대 미국의 담배회사 레이놀즈Reynolds는 '카멜Camel'이 의사들이 선호하는 담배라는 점을 집중적으로 광고했다. 아직 담배의 유해성이 밝혀지기 전의 일이다. 이때만 해도 사회계층에 따른 흡연율 차이는 없었다. 의사들도 담배를 많이 피웠다. 실제로 폐암의 연관성을 밝히는 데 결정적 근거가 되었던 1964년 논문도 영국 의사 3만여 명을 10년 동안 추적한 것이었다.[5]

이 연구가 시작된 1951년, 3만여 명의 의사 중 한 번도 담배를 피운 적이 없는 사람은 17.4퍼센트에 그쳤다. 담배를 끊었다는 사람은 15.4퍼센트였고, 나머지 67.2퍼센트는 '현재 흡연자'였다. 오늘날 한국 남성 흡연율보다 훨씬 높은 수치다 (2022년 한국 남성 흡연율은 30퍼센트다). 이후 담배가 건강에 유해 하다는 사실이 알려지면서 상황은 극적으로 역전되었다. 소득 이나 학력이 높은 계층에서 담배를 점차 덜 피우고 금연하기 시작하면서, 흡연율에서 뚜렷한 사회적 불평등이 나타났다. 건강 정보에 빠르게 접근하고 이를 실천에 옮길 수 있는 환경 의 차이가 이러한 결과를 만들어낸 것이다.

소아마비 백신이 상품화되었다면

소아마비는 1950년대 백신이 개발되자마자 대부분의 국가에 서 필수 의약품으로 지정하고 부모의 소득이나 학력 계층에 관계없이 모든 어린이에게 접종했다. 이 혁신적 의약품을 상 품화하고 경제력에 따라 '자유롭게' 구입할 수 있게 했더라면, 우리는 오늘날 소아마비 후유증의 거대한 불평등을 목격했을 것이다. 다행히 그런 일은 일어나지 않았다.[6]

또 다른 흥미로운 현상은 비만이다. 한때 한국 사회에서 넉 넉한 몸집은 부의 상징이었다. '사장님' 하면 떠오르는 이미지

가구 균등화 소득수준	남자	여자
하	49.3%	30.2%
중하	44.8%	27.6%
중	50.8%	25.2%
중상	48.5%	25.0%
상	44.8%	20.6%

출처 : 「2022 국민건강통계」, 질병관리청.

〈표 2〉 성인 남녀의 가구소득에 따른 비만율(19세 이상, 연령 표준화)

는 얼굴 불그레한 배불뚝이 아저씨였다. 요즘은 다르다. 비만은 부유함이 아니라 빈곤이나 스트레스의 상징이 되어가고 있다. 여기에 기묘한 성별 차이가 존재한다. 대부분의 선진국에서 남녀 모두 사회계층과 비만율이 반비례하는 것으로 나타나지만, 한국은 여성에서만 이러한 현상이 분명하게 관찰된다(〈표 2〉 참조).

생활습관, 사회경제적 조건, 식이와 운동 환경 등의 변화와 더불어 외모 압력에 대한 성별 차이가 이러한 양상에 영향을 끼친 것으로 보인다. 이렇게 특정 건강 문제의 원인, 예방이나 치료 수단의 특성에 따라 건강 불평등은 복잡한 양상으로 나타난다. 그렇기에 이를 이해하고 해결책을 찾기 위해서는 연구가 필요하다. '척 보면 알 수 있는 당연한' 건강 불평등은 없다.

건강 불평등이 도대체 왜 문제인가? 모든 사람이 건강을 인생의 제일 목표로 삼는 것도 아니고, 완벽하게 건강해야만 행복한 것도 아닌데 말이다. 하지만 감기 몸살로 열이 나고 온몸이 욱신거리는데 고통을 음미하며 살아 있는 것의 행복을 느끼는 사람은 많지 않다. 건강은 삶에서 제일 중요한 것은 아닐지 모르지만, 그 자체로 행복의 중요한 요소인 것은 분명하다. 동시에 사람들이 각자 중요하다고 생각하는 것, 가치 있다고 생각하는 것을 추구할 수 있도록 해주는 중요한 잠재력이기도 하다.

그렇기에 건강 불평등은 사회적 질서가 얼마나 불평등한지를 보여주는 잣대이기도 하지만, 삶의 다른 기회들을 제약한다는 점에서 기본권의 침해이기도 하다. 그래서 많은 국가가 건강 불평등 문제를 심각하게 받아들이고 해결하기 위해 노력한다. '다른 건 몰라도 건강마저 불평등해서야…….' 이런 최소한의 문제의식이 있는 것이다.

세계 최초의 '건강 불평등' 보고서

사회문제 중에 정치와 무관한 것이 없겠지만, 건강 불평등이 야말로 문제의 인식과 공론화, 해결의 모든 과정이 정치와 밀접하게 연결되어 있다. 예컨대 건강 불평등 연구에 선도적 역할을 해온 영국의 경험을 살펴보자. 영국은 주치의 제도와 전국민 무상의료를 특징으로 하는 국립보건서비스를 1948년부터 시행해왔다. 의료 이용에 비용 장벽이 완전히 사라졌음에도 여전히 건강 불평등이 사라지지 않았다는 연구들이 속속 발표되면서 1970년대에 커다란 논쟁이 일었다. 연구자들은 집권 노동당의 보건부 장관에게 문제 해결을 촉구하는 공개서한을 보내기도 하고, 자문을 통해 의견을 개진하기도 했다.

1977년, 보건부 장관은 노동당의 외곽 조직이자 국립보건서비스 도입에 중요한 역할을 했던 사회주의 의사연합Socialist Medical Association 총회에 참석해 이 문제를 조사하겠다고 발표했다. 그에 따라 보건부의 수석 과학자 더글러스 블랙Douglas Black, 사회학자 피터 타운젠드Peter Townsend, 역학자 제리 모리스Jerry Morris가 연구에 착수했다. 이들은 3년 동안 광범위한 자료들을 검토한 끝에 1980년 그 유명한 '블랙 리포트Black

Report'를 출판했다. 국가 차원에서 건강 불평등 문제를 체계적으로 검토한 세계 최초의 보고서였다.

이 보고서는 영국에 심각한 건강 불평등이 존재하며 이것이 임금, 근로조건, 실업률, 교육과 주거, 교통수단, 흡연, 식이, 음주 등의 사회경제적 격차와 관계 있다는 분석 결과를 내놓았다. 이에 따라 건강 불평등을 개선할 수 있는 다양한 방안도 함께 제시되었다. 하지만 운명의 장난이라고 해야 할까? 이 보고서를 작성하는 중에 정권이 바뀌어 보수당이 집권했고 마거릿 대처Margaret Thatcher가 총리가 되었다. 대처 정부는 최악의 실업률 때문에 인기가 급락하고 상당한 어려움에 처한 상황이었다. 이런 분위기 속에서 건강 불평등 문제를 대대적으로 공표할 수는 없었다. '블랙 리포트'는 8월 연휴 직전, 미디어의 외면 속에 조용히 발표되었다. 보수당의 보건부 장관은 보고서의 권고를 다 실현하려면 터무니없는 돈이 든다며 권고안 수용을 거부했다.

이후 '블랙 리포트'에서 영감을 얻은 건강 불평등 연구들이 영국 안팎에서 쏟아져 나왔지만, 보수당 집권 기간 내내 이는 한 번도 정책 의제로 다루어지지 않았다. '건강의 변이variation'라는 중립적 언어로 포장되어 간혹 언급되었을 뿐이다. 공식

무대에서 사라졌던 건강 불평등 의제가 귀환한 것은 1997년 노동당이 오랜만에 다시 집권하고 나서였다. 노동당은 건강 불평등 개선을 전면에 내걸고, 오랫동안 잠들어 있던 '블랙 리포트'의 권고안들을 다시금 검토해 실행에 옮기기 시작했다.[7]

복지국가로 잘 알려진 스웨덴 역시 1991년 보수·자유당 연정聯政이 선거에 승리하면서 그때까지 추진하던 건강 불평등 문제의 우선순위가 낮아진 적이 있다. 1996년 사회민주당이 재집권하면서 건강 불평등에 대한 연구와 대책들이 다시 궤도에 오르게 되었고, 2002년에는 역사상 가장 포괄적인 건강 불평등 공중보건 전략을 내놓게 된다.

건강 불평등은 사회 불평등과 연결되어 있다

지금은 전 세계 많은 국가가 최소한 '레토릭' 차원에서라도 건강 불평등 문제를 주요 정책 의제로 삼고 있다. 수많은 국가가 주기적으로 통계자료를 발간하고 건강 불평등 완화를 위한 정책연구를 지원하며 법제도를 개선하고 있다. 불평등 세계의 전통적 강자인 미국에서조차 건강 불평등 해결은 국가 보건정책의 총괄 목표 중 하나다. '건강마저 불평등하다'는 것은 통치의 정당성과도 연결되기 때문이다.

건강 불평등은 보건의료 너머 사회 불평등과 긴밀하게 연결되어 있고, 이 문제를 해결하기 위해서는 무엇보다 정치가 중요하다는 인식은 이제 국제사회에서 상식으로 통한다. 이를테면 2011년 10월 브라질 리우데자네이루에서 개최된 세계보건기구의 '건강의 사회적 결정 요인에 관한 국제회의'에서는 '건강의 사회적 결정 요인에 관한 리우 정치 선언'이 발표되었다. 124개국이 채택한 이 결의는 건강 불평등 문제를 해결하기 위해서는 보건부를 넘어서는 범정부 차원의 정책이 필요하며, 여기에는 정치적 의지가 중요하다는 내용을 담고 있다. 다음 해인 2012년 5월 제65회 세계보건총회에서는 '리우 선언'의 실행을 담은 결의안이 194개 전체 회원국의 승인을 얻어 통과되었다. 이후 국제적으로나 개별 국가 차원에서 '리우 선언'을 이행하기 위한 노력을 기울이고 있다.

이쯤에서 궁금증이 생긴다. 한국 정부는 어떤 노력을 하고 있을까? 건강 불평등 문제를 다룬 국내 논문들은 1990년대 후반 이후 기하급수적으로 늘어났다. 질병관리청이나 한국건강증진개발원에서 발표하는 국가통계 자료에도 건강 불평등과 관련한 지표들이 적지 않게 포함되어 있다. 하지만 연구는 연구, 통계는 통계일 뿐, 정부 차원에서 건강 불평등이 정책 의제로 다루어진 적은 아직까지 한 번도 없다.

2008년 세계보건기구의 건강 불평등 종합 권고 이후 최근에 이르기까지 건강 불평등 문제를 다루는 세계보건기구 결의안이 여러 차례 채택되었고 이행 사항도 점검 중이지만, 한국 정부가 이에 어떻게 대응해왔는지는 그저 베일에 싸여 있다. 국제회의에서 내용도 모르고 거수기 노릇만 한 것인지, 도대체 어떤 부서가 이러한 결의안에 서명을 하고 이행 과정을 책임지는지 도무지 알려진 것이 없다.

2008년 세계보건기구의 권고안이 발표되었을 때는 이명박 정부가 집권하고 있던 시절이다. 그다음은 박근혜 정부였다. 이 시기, 우리 사회의 거의 모든 영역에서 불평등은 더 심해졌고, 각자도생의 담론이 뼛속까지 스며들었다. 여기에 건강 불평등 정책이 끼어들 여지는 없었다. 촛불혁명을 거쳐 "기회는 평등할 것입니다. 과정은 공정할 것입니다. 결과는 정의로울 것입니다"고 말한 문재인이 대통령으로 당선되었다. 그러나 영국이나 스웨덴에서처럼 건강 불평등 정책 변화는 나타나지 않았다. '포용복지국가'를 내세우며 복지 서비스의 사각지대 해소를 이야기할 뿐 모든 사람의 건강권 보장과 건강 불평등 해소에 대해서는 아무런 정책 논의가 없었다. 마거릿 대처의 멘토였던 밀턴 프리드먼Milton Friedman을 가장 존경한다는 윤석열이 집권하는 동안 변화가 생길 가능성은 더더욱 없어 보인다.

마땅히 중요하게 다루어져야 할 정치적 의제가 공론장에 오르지도 못하는 이 상황은 한국 사회 정치의 현주소를 보여준다. 19세기 위대한 병리학자이자 사회의학자인 루돌프 피르호Rudolf Virchow는 "의학은 사회과학이며 정치는 대규모의 의학과 다름없다. 사회과학으로서, 인간에 대한 과학으로서, 의학은 문제를 지적하고 그 이론적 해결책을 꾀해야 하며, 정치인은 실천적 인류학자로서 그 실질적 해결 수단을 찾아야 한다"고 말했다. 오늘날 한국 사회의 건강 불평등 이슈를 둘러싸고, 이보다 더 필요한 말이 있을까?

공공병원이 아직도
더 필요한가?

한국에는 의료기관이 넘쳐난다?

매년 여름 보건복지부는 그해 'OECD 보건 통계'에 대한 보도
자료를 배포한다. 가장 최근인 2023년 자료를 살펴보면, 한국
의 병상 수는 인구 1,000명당 12.8개로 OECD 회원국 중 1등
이었다. OECD 회원국 평균인 4.3개에 비해 약 3배나 많다.
의료 이용 횟수도 많다. 국민 1인당 의사에게 외래진료를 받
은 횟수는 연간 15.7회로 역시 OECD 국가 중 1등이고, 회원
국 평균인 5.9회보다 2.6배 이상 높다. 2등인 일본의 11.1회와

도 차이가 크다. 멕시코는 1.5회, 스웨덴은 2.3회에 불과했다. 입원 환자가 병원에 머무는 기간은 평균 18.5일로 일본(27.5일) 다음이며, OECD 회원국 평균 8.1일에 비해 2배 이상 길었다.

이런 통계 결과만 놓고 보면, 한국에 의료기관이 넘쳐나고 국민은 그야말로 여한 없이 의료서비스를 이용하는 것 같다. 병상 수가 2,000개에 육박하는 병원이 서울에만 4군데나 있고, 서울 번화가에는 병의원만으로 채워진 건물들도 심심찮게 볼 수 있으니 이런 통계에 고개가 절로 끄덕여진다.

그런데도 불만과 우려의 목소리가 높다. 넘쳐나는 병원들 속에서 의료 공백을 우려하고 '도무지 믿고 갈 곳이 없다'며 불만을 토로한다. '의료 공백'이라는 키워드로 검색해보면 대부분 중소도시, 농산어촌의 지역 언론 기사, 지역 시민단체나 주민이 직접 기고한 글들이 펼쳐진다. "지역 유일의 응급실 폐쇄", "지역 유일 종합병원 휴업으로 의료 공백", "○○의료원 의료진 몇 달째 공석" 같은 비슷비슷한 제목들과 함께 말이다.

내가 참석했던 정신보건 관련 학회에서 한 토론자는 수도권 중심의 뉴스가 자신이 사는 곳의 현실과 너무 동떨어져 있다며 개탄했다. 모두 '탈원화脫院化'를 논하며 정신질환자의 지역사회 복귀에 대해 이야기하지만, 자신이 있는 곳은 입원할 수 있는 병원 자체가 부족하기 때문에 탈원화라는 말조차 사치라고 했다. 인구 감소와 고령화로 지방 소멸이라는 이야기가 나오는 마당에, 지역의 병의원들이 시장에서 철수하는 것도 놀랄 일은 아니다.

절대 부족만이 문제는 아니다. 건강보험심사평가원의 자료에 의하면 2024년 6월 기준으로 서울 강남구에 성형외과 의원은 452곳이나 되지만 가정의학과는 13곳에 불과하다. 주변에 의원은 넘쳐나지만, 배가 아프고 몸살에 걸린 보통의 환자들에게는 갈 곳이 마땅치 않은 셈이다. 그야말로 풍요 속의 빈곤이다.

그뿐만 아니다. 국민건강보험공단은 2009년부터 '장기 요양 포상심의위원회'를 운영한다. 무슨 포상일까? 부당 청구를 하는 장기 요양기관을 신고해 건강보험 재정 건전성을 지키는 데 기여한 이들에게 상을 주는 것이다. 2022년에는 8억 5,600만 원, 2023년에는 11억 5,300만 원이 포상금으로 지급되었다. 부당 청구가 얼마나 만연해 있는지 알 수 있는 대목이다. 부당 청구만이 아니다. 감염 같은 의료서비스의 질 문제는 물론이고 낙상, 노인 학대, 화재 같은 안전사고, 시설 노동자 착취 문제에 이르기까지 요양병원과 연관된 부정적 뉴스들은 노인 당

사자와 가족뿐만 아니라, 미래에 노인이 될 우리를 심란하게
만든다.

공공병원의 병상이 차지하는 비율

얼핏 성격이 달라 보이는 이들 문제의 바탕에는 공공의료 체
계의 허약함이라는 공통점이 존재한다. 공공의료라고 하면 흔
히 국·공립병원을 떠올리지만 공공성은 소유 주체만으로 결정
되지 않으며, '예, 아니요' 방식으로 간단하게 판별할 수 있는
것도 아니다. 소유 주체만큼이나 공적 가치라는 내용적 측면,
민주적 거버넌스라는 절차적 측면도 공공성을 규정하는 주요
요소다. 예컨대 국립대병원은 소유 주체 측면에서 분명히 공
공병원이지만, 진료 행태나 운영 측면에서는 사립병원과 별
차이가 없는 곳이 많다. 반면 원진레이온 직업병 피해 보상기
금으로 설립된 녹색병원처럼 사립병원이지만 지역사회와 사
회적 약자 보호의 가치를 적극적으로 실천하는 곳도 있다.
    '공공보건의료에 관한 법률'에서는 "국가, 지방자치단체 및
보건의료기관이 지역·계층·분야에 관계없이 국민의 보편적
인 의료 이용을 보장하고 건강을 보호·증진하는 모든 활동"을

공공보건의료라고 정의했다. 사실 '공공'이 반드시 앞에 붙지 않아도 건강권 차원에서 당연히 보장되어야 할 내용들이다.

공공성이 소유 주체만의 이슈는 아니라지만, 일단 공공병원의 수가 너무 적다. 2020년 기준, 국내 병원 중에서 공공병원이 차지하는 비율은 5.4퍼센트에 불과하다. 자료를 제출한 OECD 회원국 31개국 평균 53퍼센트의 약 10분의 1에 불과한 압도적 꼴찌다. 가장 시장적 의료 체계라는 미국(23.1퍼센트)보다 적다. 전체 병상 수 중 공공병원의 병상이 차지하는 비율을 계산해도 결과는 비슷하다. 이 비율 역시 9.7퍼센트로 압도적 꼴찌이며, 자료를 제출한 31개국 평균 71.9퍼센트에 비하면 비교 자체가 민망한 수준이다.

우리 사회에서는 병원이라고 하면 으레 사립병원이 표준이고, 지방 의료원으로 대표되는 공공병원은 저소득층이나 이용하는 곳, 사립병원이 없을 때만 어쩔 수 없이 필요한 안전망이라고 생각하는 경향이 있다. 하지만 국제적으로 보면 한국은 굉장히 예외에 속한다. 국가마다 고유한 의료제도를 발달시켜왔으니 현재 모습이 다른 것은 어쩌면 당연한 일이지만, 남들과 너무 다를 때에는 이게 정말 괜찮은 것인지 한 번쯤 의심이 들기 마련이다.

사실 처음부터 이랬던 것은 아니다. 한국에서 민간 부문이 이토록 비대해진 것은 자연스러운 진화의 결과가 아니라, 적극적 국가정책 혹은 적극적 부작위의 산물로 보는 것이 합당하다. 건강보험 적용이 확대되면서 의료 이용의 경제적 접근성이 나아지고 의료 수요가 늘어났지만, 정부는 이를 충족시킬 보건의료 공급을 민간에 의존하는 정책으로 일관해왔다. 1960년대만 해도 50퍼센트가 안 되던 민간 병상 비중은 건강보험제도가 시작된 1977년에 처음으로 60퍼센트를 넘어섰고 건강보험 적용이 전국으로 확대되던 1990년대 초반에는 85퍼센트에 이르게 되었다. 정부는 이 기간에 장비 지원, 차관借款이나 융자 알선 등을 통해 적극적으로 민간기관 설립을 지원해왔다.[8]

100년 역사의 진주의료원이 문을 닫은 이유

반면 공공병원에 대한 투자와 지원은 좀처럼 늘어나지 않았을 뿐만 아니라 1990년대 후반 이후에는 '신자유주의 개혁'이라는 이름으로 구조조정의 대상이 되었다. 공공병원의 쇠퇴는 일견 '자연스러운' 경로를 따랐다. 중앙과 지방 정부의 저투자는 공공의료를 양과 질 측면에서 악화시키고, 그 결과 국민들에게서 외면받고, 이는 다시 투자를 더욱 축소하거나 아예 병원을 폐업하는 좋은 근거가 되었다. 100년이 넘는 역사를 가진 진주의료원도 적자 누적과 방만한 경영을 이유로 결국 문을 닫았다.

이렇게 공공병원의 숫자가 적고 보건의료계 전체에 미치는 파급력이 미미하다 보니, 지역 간 의료 자원의 불균형 문제는 물론이거니와 공공성이 높은 국가정책을 집행하는 데에도, 사립병원들을 선도하는 데에도 역부족이다. 2015년 메르스 유행을 떠올려보자. 음압 병실로 상징되는 격리병동은 유행 통제와 환자 진료에 핵심적 기능을 하지만, 이를 운영하는 것은 병원 수익에 별 도움이 안 된다. 그래서 사립병원들은 이러한 시설을 제대로 구비하지 않았고, 재벌을 모기업으로 하는 삼성서울병원조차 정식 음압 격리병상을 갖추지 않았다는 사실이 드러나 많은 이를 놀라게 했다. 정부는 국가적 위기 상황에서 사립병원에 협조를 구할 수는 있었지만, 일사불란하게 정부 방역 체계에 편입시킬 수는 없었다.

결국 메르스 환자 진료는 거의 공공의료 체계 안에서 이루어졌다. 숫자가 너무 부족하다 보니, 평소에 공공병원에 의존하던 이들, 주로 저소득 계층이 의도치 않은 피해를 입었다. 공공병원들이 메르스 진료 병원으로 지정되면서 기존 입원 환자들은 급하게 병원을 옮겨야 했다. 당시 이들 환자를 도왔던 활동가는 이렇게 말했다. "다른 병원으로 옮기기로 한 세 분은 병원비 때문에 집으로 모셨어요. 세 분 모두 기초생활수급자여서 사립병원의 병원비를 감당할 수 없을 것 같아서 연락이 안 되던 가족, 지인들의 집으로 퇴원했습니다." '메르스'라는 단어를 '코로나19'로 바꾸어도 상황은 달라지지 않는다. 공공의료에 대한 오랜 저투자로 발생한 문제는 결국 사회에서 가장 힘없는 이들에게 전가된다. 지방 의료원을 이용하던 기초생활수급자, 응급실이 사라진 농촌 주민, 돈벌이에 혈안이 된 민간 요양병원에 의탁해야 하는 노인과 그 가족들처럼 말이다.

공공병원이 워낙 소수이다 보니 민간에 좋은 영향을 미치기는커녕, 시장 수익을 우선으로 하는 환경 속에서 공공병원마저 비슷한 행태에 빠져들기도 한다. 몇 년 전, 공공병원에 대한 연구 때문에 만났던 의사는 오랫동안 지방 의료원에서 일해왔고, 환자를 소신껏 진료한다는 자부심이 굉장히 큰 이였다. 하지만 병원 매출 압박을 이야기하며 분통을 터뜨렸다.

"요즘은 주계週計를 냅니다. 월계月計도 아니고, 과장들 수

입에 대해서 일주일 동안에……. 뭐 외래환자 몇 명이고 입원 환자 몇 명이고 수입이 얼마고 이걸 주계를 낼 정도니까. 원 장님은 적정 진료를 하라고 하면서도 돈도 벌라고 하고. 굉장 히 이율배반적이죠. 그런데 나도 진료하는 데 알게 모르게 영 향을 받더라고요. 나는 절대로 그런 의사라고 생각 안 했는데, 작년 대비 올해 건당 진료비 단가가 올라가는 거예요. 아, 나 도 그렇구나. 그런 영향을 안 받을 수가 없겠더라고요."

공공병원 수가 절대적으로 적고, 민간 종합병원들에 비해 시설 장비도 낙후한 상황에서 시민들이 공공병원에 갖는 긍정 적 경험치는 낮을 수밖에 없다. 사정이 그렇다 보니 공공의료 확대나 강화가 꼭 필요한지에 대해서도 고개를 갸우뚱한다.

공공병원은 안전장치이자 생명보험

그럼 잠깐 시선을 돌려 유치원을 생각해보자. 유아교육 분야 도 민간이 지배적이기는 하지만 보건의료 분야만큼은 아니다. 2023년 기준으로 전국 유치원 중 60.8퍼센트가 국공립 시설 이며 등록 원아 수도 전체의 29.3퍼센트를 차지한다.[9] 특별히 사교육에 몰입하는 학부모가 아닌 이상 국공립 시설에 대한 선호는 뚜렷하다.

국공립 유치원과 어린이집 확충은 선거 단골 공약이기도 하다. 국공립 유치원의 관리자들이 특별히 청렴해서인가? 아니면 교육철학이 뛰어나서인가? 아니다. 공공성이라는 개념을 알든 모르든, 공공성의 특징에 해당하는 그 무엇이 더 나을 것이라는 기대가 있기 때문이다. 본인부담금이 적고, 안정적인 양질의 교사 인력이 보장되며, 재정 운용과 관리가 투명할 것이라는 기대. 최소한 '원장 마음대로', '급식비를 빼돌리는', '친인척을 채용해서' 등 말도 안 되는 전횡은 없으리라는 기대 말이다.

이는 공공 유아교육 체계에 대해(완전히 만족스러운 정도는 아닐지라도) 국가가 제대로 투자하고 관리 운영이 이루어지고 있음을 의미한다. 100퍼센트까지는 아니지만, 이렇게 공공기관이 유의미한 비중을 차지하고 질적 표준을 준수하다 보니 공공성이 높은 정책을 집행하기도 상대적으로 쉽고, 민간 시설들을 견인하는 효과도 크다.

이렇게 공공과 경쟁하는 환경에서는 민간도 막 나가기 어렵다. 2018년 국정감사를 통해 알려진 사립유치원 비리와 그에 대한 한국유치원총연합회의 적반하장식 대응은 왜 국공립

유치원이 더 늘어나야 하는지, 공공성이란 무엇인지 시민들이 학습할 수 있는 좋은 기회가 되었다. 국공립 유치원을 경험해 보지 못했더라면, 사립유치원 이외에 다른 선택지가 존재하지 않았더라면 우리는 문제의 본질을 깨닫지 못했거나 이 상황에 대해 체념했을지도 모른다. 시민들의 세금이 투입되고, 어린이의 돌봄과 교육의 권리가 보장되는 공간이 공공적으로 운영되고 통제되어야 한다는 점에 대해서 사회적 공감대는 매우 높다.

사람의 생명과 건강을 다루는 보건의료 영역에서 공공성의 의미는 결코 덜하지 않다. 문 닫겠다는 사립병원을 설득하는 것이 아니라, 내부고발자들에게 포상금까지 줘가면서 민간기관들을 감시하는 게 아니라, 국가가 직접 나서서 공공병원을 확충해야 한다. 민간 부문을 견제하기 위해서라도 말이다.

모든 병원을 즉각 국·공립으로 전환하라는 이야기가 아니다. 국가 보건의료 체계의 공공성을 보장할 수 있는 최소한의 '임계 질량critical mass', 여전히 모호하다면 그토록 닮고 싶어 하는 미국만큼이라도 공공병원을 확보해야 한다는 것이다. 병상 수와 의료 이용이 세계 최고 수준이라는 국가에서, 누군가는 주변에 병원이 없어서, 또는 믿고 갈 만한 병원이 없어서 제대로 진료를 받지 못한다는 것은 터무니없는 일이다.

문재인 정부는 2018년 10월 대한민국 정부 수립 이래 처음으로 '공공보건의료 발전 종합대책'을 발표했다. 여기에는 지역격차 해소, 필수 의료보장, 공공보건의료 인력 양성과 역량 강화, 거버넌스 체계 같은 공공의료 전반의 개혁 전략이 폭넓게 망라되어 있었다. 하지만 이후의 성과는 매우 실망스러웠다. 이는 사실 '정책 문제'가 아니라 '정치 문제'다. 기술적이고 실무적인 접근만으로는 해결할 수 없는, 한국 보건의료 체계 전반의 체질 전환과 맞닿아 있기 때문이다. 이를 돌파할 수 있는 것은 전문가의 지식이나 기술 관료의 유능함이 아니라 시민의 힘인데, 아직까지는 목소리가 크지 않다.

잠시 생각해보자. 내 부모가 혹은 내가 요양병원에 입원해야 한다면 공공병원과 사립병원 중 어디를 선택할 것인가? 법과 표준을 준수하고, 행정과 회계가 상대적으로 투명하며, 노동자들의 근로조건도 더 나은 곳을 고를 것이다. 문제가 발생해도 감사를 통해, 정보공개 청구를 통해 문제를 확인하고 해결 가능성이 더 높은 곳을 고를 것이다. 나이가 들어 귀촌을 결심했다면, 사립병원과 공공병원이 가까운 동네 중 어디를 택할 것인가? 최소한 매출이 줄어든다고 응급실을 폐쇄하거나 아예 병원 문을 닫아버릴 가능성이 낮은 곳을 택할 것이다.

간단한 건강 문제에도 최고의 종합병원을 아무 때나 부담 없이 이용할 수 있는 소수의 사람이라면 모를까, 공공병원을 늘리고 그 질을 높이는 것은 대부분의 평범한 시민들, 특히 비수도권 주민들에게는 안전장치이자 생명보험이다. 내가 단골로 이용하는 병원이 사립병원이라 해도 이는 여전히 중요하다. 튼튼하고 신뢰받는 공공병원의 존재야말로 사립병원들을 더욱 건전하고 건강하게 만들어줄 수 있는 버팀목이기 때문이다. 공공의료 개혁의 갈림길에서, 시민들의 관심과 더 큰 목소리는 더 나은 방향으로 길을 열어줄 것이다.

우리에게는
주치의 제도가 필요하다

담당의사와 주치의

모처럼 의대 재학 시절의 친구들을 만난 자리에서, 부모님 안부를 묻는 친구에게 말했다. "내가 너한테 전화 안 하면 우리 집에 별일 없는 거야. 그동안 모처럼 평화로웠다는 뜻이지!" 풀이하면 이렇다. 그 친구는 의대 부속병원에서 내과 교수로 일하고 있으며, 우리 부모님 건강에 심각한 문제가 생길 때마다 내가 전화로 조언을 구하는 전문가다. 한동안 연락이 뜸했다는 것은 우리 부모님한테 별일이 없었다는 뜻이다.

부모님이 나이가 들고 예상치 못한 응급이나 중증 상황이 잦아지면서 이런 조언은 더욱 절실해졌다. 이럴 때 환자나 보호자의 처지를 헤아리면서 합리적 조언을 해주는 전문가 친구의 존재는 너무나 소중하다. 물론 우리 부모님의 '담당의사'는 따로 있다. 아버지는 심장질환과 그 합병증 때문에 오래전부터 대학병원 심장내과와 신장기내과 단골 고객이다. 대학병원이 너무나 익숙해서, 동네 의원에는 눈길조차 준 적이 없다. 넘어져서 무릎관절에 피가 고여도 심장판막 수술 이후 복용하는 항응고제와의 연관성을 생각해서 꼭 대학병원에 가야 하고, 다리에 가벼운 부종이 생기거나 전에 없던 통풍 증상이 생겨도 기존 병력이 기록되어 있는 대학병원에 가야 한다.

문제는 대학병원의 여러 전문과를 성실하게 순회하지만, 정작 아버지의 복잡한 건강 문제에 대해 '전모를 꿰뚫고 있는' 의사는 없다는 점이다. 대학병원 교수들이 불친절해서가 아니라 시스템이 그렇기 때문이다. 내과가 아니라 순환기내과, 순환기내과 안에서도 다시 세부 전공들이 갈려 있고, 각자는 그 분야에서 최고 전문가들이지만 그렇기에 환자의 다른 문제에 대해서는 관심을 갖기 어렵다. 환자 한 명 한 명의 여기저기 아픈 사연을 다 들어줄 시간도 없다. 환자가 다리가 붓는다고 하면 신장기내과에, 피부가 가렵다고 하면 피부과에 협진 의 뢰서를 내는 게 최선이다. 이 복잡다단한 상황의 전모는 환자 자신 혹은 보호자가 파악하고 있어야 한다.

어머니는 고혈압 때문에 동네 가정의학과 의원을 꾸준히 다니신다. 감기 몸살, 복통 같은 어지간한 문제도 모두 이곳에 서 해결한다. 어머니가 급성담낭염이 생겼을 때 큰 병원을 가 야 한다고 의뢰해준 곳도, 딸이 의사인 것을 알고 가끔씩 검사 결과를 메모해서 전달해주는 곳도 이곳이다. 그런데 패혈증에 이를 정도로 심각했던 급성담낭염 수술 이후 담석증이 자꾸 재발하면서 어머니는 대학병원 외래진료도 동시에 다니게 되 었다. 최근 혼자 외래진료를 다녀왔는데, 담당의사인 소화기 내과 간·담도 전문 교수의 '불편한 곳이 없냐'는 질문에 '목감 기 때문에 힘들다'고 대답을 했단다. 나는 간·담도 전문가한테 왜 그런 '쓸데없는' 이야기를 했냐고 나무랐다. 어머니는 항변 했다. "어디가 불편하냐길래 사실대로 말한 거지. 그 교수님도 '그건 나랑 상관없어요' 하면서 웃더라."

사실 환자 처지에서 보면 쓸개 따로 목 따로 있는 게 아니 고, 현재 가장 불편한 점을 사실대로 말한 것뿐이니 '쓸데없는' 것은 아니다. 다만 시스템이 이런 답변을 쓸데없게 만든 것이다. 여기에서 또 다른 문제는 실질적으로 어머니의 '주치의' 구실을 해왔던 동네 가정의학과 의사의 배제다. 이 의사는 급성 담낭염 의뢰 이후 자신이 돌보던 환자가 패혈증에 빠져 생체 징후가 위험한 상황에 이르렀다는 사실, 담도 입구에 소장게실小腸憩室이 있어서 담석 재발 가능성이 높다는 사실을 알지 못하고, 현재 대학병원에서 어떤 식으로 관리받고 있는지도 정확히 알지 못한다. 그저 환자의 후일담을 전해 듣고 진료에 참조할 뿐이다. 퇴원 후 어머니가 지인과 통화하는 것을 옆에서 들어보니, 몇 년 전에 앓았던 신장결석과 당시에 문제가 된 담석과 담도염 문제를 막 섞어서 설명하던데, 과연 동네 의사에게는 얼마나 정확한 내용이 전달되었을지 의문이었다.

이러한 병원 경험담은 연로한 부모님이 있는 가정에서는 그다지 새로운 이야기가 아닐 것이다. 오빠와 언니는 부모님 건강과 관련한 의사결정을 나에게 거의 전적으로 의존한다. 의료에 대한 지식이 있고, 의료계에 '연줄'이 있기 때문이다. 그렇다면 의학 지식이 없고, 친하게 지내는 의사가 없고, 큰 병원까지 다닐 만한 시간과 돈이 없는 이들은 이 복잡한 의료 체계 안에서 어떻게 길을 찾아나가는 것일까?

대학병원보다 중요한 일차 진료 의사

한국이 OECD 회원국 중에서도 외래진료 이용이 으뜸으로 많은 이유, '의료 쇼핑'이 문제가 되는 이유, 종합병원 쏠림이 그토록 심각한 이유는 아마도 이러한 각자도생의 현실과 관계 있을 것이다. 의료 이용에는 여러 가지 불확실성이 따른다. 우선, 언제 어떻게 얼마나 아플지 예측이 불가능하다. 뇌졸중·암·장염·교통사고 따위가 나와 가족에게 언제 닥칠지, 얼마나 심각할지, 비용은 얼마나 들지 미리 알 수 없다. 이런 불확실성에 사회적으로 대처하는 수단이 바로 건강보험이다.

물론 비용만 문제는 아니다. 의료서비스의 질을 예측하기도 어렵거니와 설령 똑같은 서비스를 받는다고 해도 그 결과가 항상 똑같으리라는 보장이 없다. 사람마다 건강 상태가 다르고 진단 시점의 중증도 상태가 다르며, 실제로는 의료서비스의 질도 다르기 때문이다. 그래도 이런 불확실성을 줄이기 위해 의료인 보수교육, 의료 인력과 설비 기준, 병원 인증 같은 제도가 만들어졌고, 또 항생제 처방률이나 비급여 진료비 정보공개 같은 조치가 시행되기도 한다.

그런데 이것으로도 부족하다. 마른기침이 오래가는데 큰

병원을 가야 하는지, 허리가 아픈데 어떤 과를 찾아가야 하는지, 고혈압 약을 먹는 중인데 텔레비전에서 광고하는 건강보조식품을 같이 먹어도 되는지……. 궁금한 것도 많고 판단을 내려야 할 일도 많다. 하지만 대부분의 사람들에게는 이를 합리적으로 판단할 수 있는 의학 지식이 부족하고, 또 올바른 투약과 생활습관 개선을 조언해줄 수 있는 사회적 지지망도 부족하다.

복잡한 의료 체계 안에서 길을 잃지 않고 찾아가도록 도와주는 내비게이터, 건강 문제를 최전선에서 확인해주는 문지기, 사람 중심의 전인적 돌봄을 제공하는 것이 바로 주치의, 곧 일차 진료 의사의 역할이다. 우리에게 익숙한 주치의는 병원에 입원했을 때의 '담당의사'다. 환자는 입원 기간 중 수많은 검사를 하고, 수술이나 약물 치료를 받고, 여러 진료과 전문의들과 상담하지만, 이 모든 사항은 담당의사에게 수렴된다. 그가 이 모든 것을 계획하고 복잡한 결과와 진료 소견들을 종합하며, 필요하면 환자와 함께 방향을 결정한다.

일차 진료 의사, 즉 동네 주치의는 이러한 대학병원 담당의사의 역할을 해당 병원만이 아닌 전체 의료 체계로 확장한 것으로 보면 된다. 물론 집안에 온통 의사나 교수들이고, 심지어 징역형을 받고도 '휠체어 쇼'를 하며 대학병원에 손쉽게 들락거릴 수 있는 사람이라면, 동네 주치의가 있든 없든 하나도 불편할 것이 없다. 이미 그들은 최고의 정보원과 인맥, 자원을 통해서 최상의 의료서비스를 적기에 받고 있을 가능성이 높기 때문이다. 하지만 서민들은 사정이 다르다.

한국보건사회연구원의 보고서에 따르면, '외래진료 민감 질환'의 입원 횟수, 입원 일수, 응급의료 이용 횟수 모두에서 저소득층의 점유율이 높았다. 외래진료 민감 질환이란 당뇨병처럼 외래진료에서 제대로 진료를 받으면 굳이 입원이나 응급실 방문까지 안 해도 되는 질환을 말한다. 저소득층에서 이들 질환의 입원이나 응급실 방문이 많은 것은, 양질의 충분한 외래진료나 관리가 이루어지고 있지 않음을 뜻한다. 호미로 막아도 될 건강 문제를 가래로 막고 있음을 보여준다.

최고의 대학병원 서비스가 아니라 주치의, 일차 진료 의사의 역할이 건강 문제 해결에 더 큰 작용을 한다는 것은 여러 연구 결과가 잘 보여준다. 이를테면 캐나다 온타리오주에서 대장암과 유방암 같은 심각한 질병의 경과를 분석한 연구들이 있다. 이 연구 결과를 보면, 동네의 종양 전문의 숫자보다는 일차 의료를 담당하는 의사의 숫자가 많아질수록 대장암 생존율이 높아지고, 유방암의 조기 진단을 비롯한 적정 진료를 받을 가능성이 높아지는 것으로 나타났다. 동네의 일차 진료 의사들이 수술을 잘하고 항암치료를 더 잘해서라기보다, 환자의 건강 문제를 제때 발견하고 적절한 의료서비스를 이용할 수 있도록 연계했기 때문에 가능한 일이었다.[10]

일차 의료의 강점은 코로나19 팬데믹에서도 효과를 발휘했다. 일차 의료는 코로나19 환자의 선별, 중증도 분류, 경증·중등증 환자의 치료, 2차 혹은 3차 병원으로 전원, 백신 접종에 이르기까지 코로나19 의료 전달 체계의 게이트키퍼 역할을 담당했다. 또한 평상시의 의료서비스 제공을 지속하면서 지역 주민의 건강을 보호하는 데 중요한 역할을 했다. 공중보건 위기 상황에서 일차 의료는 건강 형평성과 보편적 의료보장을 달성하는 데 결정적 역할을 수행했다고 말할 수 있다.[11]

일차 의료 중심의 의료 체계

코로나19 유행 초기 엄청난 타격을 받았던 이탈리아 롬바르디아 지역은 공공병원이 중심인 이탈리아 다른 지방과 달리 대형 사립병원이 많은 곳이다. 입원 중심의 의료 대응 전략을 고

수했던 롬바르디아는 점차 일차 의료의 중요성과 필요성을 절감하고, 2021년 12월 새로운 법률을 제정해 일차 의료 중심의 지역 의료 체계 개혁에 착수했다.[12] 이탈리아 외에도 홍콩, 스페인, 포르투갈 등이 일차 의료 강화에 초점을 둔 포스트 코로나19 대비 계획을 발표했고, 세계은행도 이러한 개혁 방향을 지지했다.[13]

캐나다와 유럽 등지에서는 일차 의료기관에서 의료서비스만 제공하는 것이 아니라 건강 행태나 예방 서비스에 대한 상담, 가정폭력 문제 조기 발견과 의뢰, 사회복지 서비스 연결 같은 일도 한다. 물론 이런 일들은 의사 혼자 하는 것이 아니며, 할 수도 없다. 여러 명의 의사와 간호사, 사회복지사를 비롯한 지원 인력들이 '팀'으로 일하기 때문에 가능한 일이다.

한국 사회에서 이런 모습이 가능하려면, 현실에서 많은 '준비'가 필요하다. 환자 처지에서는 대부분이 전문의로 구성된 동네 의원이 과연 주치의 역할을 잘 해낼 수 있을지 의심스럽고, 혹시나 실력이 부족하거나 불친절한 주치의를 만나게 될까봐 걱정도 된다. 의사 처지에서는 시도 때도 없이 환자가 전화를 하면 어쩌나, 수입이 감소하는 것은 아닌가 걱정이 된다. 보건정책을 입안하는 이들도 주치의 등록 절차, 건강보험 진료비 상환 방식, 큰 병원과의 의뢰·회송 체계, 물리적 공간과 양질의 팀 인력 확보 등 해결해야 할 문제가 산더미다.

그렇다고 한국 사회에 주치의 제도의 경험이 전혀 없는 것은 아니다. 이미 고혈압·당뇨 관리 사업, 방문 건강관리 사업, 지역사회 일차 의료 시범 사업, 일차 의료 만성질환 관리 사업, 장애인 주치의 시범 사업, 진료 의뢰·회송 사업 등 여러 시범 사업이 이루어졌거나 진행 중이다. 일차 의료 체계를 구축하기 위한 연구 활동도 활발하다. 시범 사업 중에는 성공한 것도 있고, 실패가 분명한 사업도 있다. 그러나 분명한 것은 이러한 시도들이 있었기 때문에, 이를 바탕으로 좀더 나은 의료 체계를 설계할 수 있다는 점이다.

그동안 주치의 제도 도입이 적극 이루어지지 않은 것은 문제 해결의 방법이 없어서라기보다 이를 강력하게 추진할 만한 동기가 없었기 때문이라고 생각한다. 정책 결정에 참여하는 우리 사회의 엘리트들은 이미 사적 네트워크를 통해 최고의 주치의들을 확보하고 있기 때문에 불편함과 아쉬움이 없다. 굳이 여러 어려움에 맞서가며 이런 제도를 도입할 필요가 없는 것이다.

양질의 일차 의료를 공평하게 제공하는 것

이런 마당에 정부는 '건강관리 서비스'를 의욕적으로 추진하고 있다. 보건복지부는 '체계 없는 의료 체계' 때문에 겪는 시민들의 시련이 아직도 부족하다고 생각하는 듯하다. 보건복지부는 "건강관리 서비스의 개념이 명확하지 않고 포괄적이어서 의료법에 위반되는지 여부를 판단하기 어렵다는 업계의 요구"를 반영해 사례집을 발간하고 유권해석 절차까지 마련했다. "그동안 민간업계에서 겪던 의료행위와 건강관리 서비스 간 불명확성에 따른 애로사항을 상당 부분 해소"해줄 것으로 기대된다는 사례집 내용을 보면, 왜 사례집까지 발간해야 할 만큼 구분하기 어려운 행위를 인위적으로 구분하는 건지 근본적 의문이 떠오른다.

이를테면 고혈압 환자가 복용하는 약물에 대한 설명, 급격한 혈압 강하·상승 시의 조치 같은 의료적 상담은 의료행위라서 건강관리 서비스 기관에서 제공하면 안 된다. 공신력 있는 기관에서 제시하는 고혈압 예방과 관리 등의 정보를 제공하는 것, 병원 내원일 알람 서비스를 제공하는 것, 운동·식이 요법의 효과와 방법을 안내하고 금연·금주 등의 생활습관 개선 상담을 하고 조언하는 것 정도는 건강관리 서비스 기관이 할 수 있다. 인플루엔자가 유행하면 알람을 제공하는 것도 건강관리 서비스 기관이 할 수 있는 일 중 하나다. 사실 이런 일이야말로 환자와 의사의 신뢰 관계 속에서 일차 의료기관이 제공해야 하는 서비스들이다.

진료의 연장선상에서 자연스럽게 제공할 수 있는 상담과 서비스를 왜 인위적으로 잘라내서, 그것도 영리기업에 별도로 맡겨야 하는지 알 수가 없다. 일자리를 창출하기 위해서? 환자가 봉인가? 민간기업 돈 벌게 해주려고 환자를 이리저리 돌리는 것이 보건복지부가 나서서 할 일인가? 게다가 서비스가 이렇게 개인화되고 상업화되면, 복잡한 건강 문제와 사회적 문제를 안고 있는 빈곤층, 취약 가구, 노인들은 서비스 접근이 더욱 어려워진다. 민간기업의 애로사항을 해결하기 위해 무려 10년이 넘는 세월 동안 정권이 바뀌도록 이렇게 집요한 노력을 보여주는 보건복지부가 왜 똑같은 문제를 더 잘 해결할 수 있는 주치의 제도의 마련에는 그토록 소극적인지 궁금할 뿐이다.

한평생 영국의 국립보건서비스를 옹호해왔고 웨일스 광산 지역에서 노동자들의 주치의로 일했던 줄리안 튜더 하트Julian Tudor Hart는 1971년 「보건의료의 역진성 법칙The Inverse care law」이라는 유명한 논문을 발표했다.[14] 의료서비스의 필요가 큰 지역일수록 의료 자원은 오히려 적게 할당되는 현상을 비판한 내용이다. 그는 이 논문에서 무상의료를 넘어 양질의 일차 의료를 주민의 '필요'에 따라 공평하게 제공하는 것이 중요하다고 역설했다. 그러면서 이러한 문제를 해결하는 것이 기술적이기보다는 정치적 문제임을 지적했다.

한국 사회에 제대로 된 주치의 제도를 만드는 것 역시 정치의 문제라고 할 수 있다. 하기 어려운 이유를 100가지도 댈 수 있겠지만, 그렇다고 해결책이 전혀 없는 것도 아니기 때문이다. 이미 성공적으로 주치의 제도를 운영하는 나라도 많고, 국내에서 시범 사업이나 연구 경험도 적지 않다.

현재 노인 10명 중 6명이 세 가지 이상의 건강 문제를 동시에 안고 있다. 의료서비스의 상업화 경향과 소득 양극화는 동시에 진행 중이다. 고령화와 불평등 시대에, 건강권 보장을 위해서나 의료 체계의 효율성을 위해서도 주치의 제도는 더는 미룰 수 없다. 대학병원 교수한테 언제라도 편하게 전화할 수 있는 연줄이 없는 사람, 언제든지 휴가를 내고 부모를 대학병원에 모시고 가서 여러 과를 순례할 수 있는 여력이 안 되는 사람, 의학 교과서와 최신 진료 지침을 줄줄이 꿰고 최선의 의학적 판단을 내릴 수 있는 능력이 없는 사람이라면, 모두 한목소리로 주치의 제도의 도입을 요구해야 한다. 이것은 건강 불평등과 사회정의의 문제다.

불의와 불평등의
프리즘

100년 전, 인플루엔자 팬데믹 시기

오늘의 사건이 어제의 사건을 밀어내는 다이내믹 코리아 시민들에게 코로나19는 '흐린 기억 속의 그대'일 뿐이다. 2023년 5월 세계보건기구가 공중보건 비상사태 해제를 선언하고 그에 발맞춰 윤석열 대통령이 코로나19 팬데믹 종식을 선언했을 때조차 별다른 반향이 없었다. 국내 첫 감염자가 확인되고 모두가 공포에 휩싸여 있던 2020년 1월을 돌이켜본다면, 종식 선언일은 국경일로 지정해 잔치라도 벌였어야 했다. 그러나 사람들의 반응은 그야말로 '미지근'이었다. 이래도 되는 것일까? 이렇게 과거는 덮어두고, 항상 그래왔던 것처럼 서둘러 앞으로 나아가기만 하면 되는 것일까? 사실 코로나19는 그렇게 바쁘게, '전진밖에 모르는 바보'로 살아온 한국 사회에 커다란 질문을 던져준 일대 사건이었는데 말이다.

유행이 시작되고 사망자가 급속히 늘어나면서 시신을 제대로 수습하기 어려웠다. 관을 차곡차곡 쌓아두거나 구덩이를 크게 파서 시체를 한꺼번에 매장하는 모습이 신문 1면을 장식했다. 병상이 모자라고 의료인이 부족했다. 특히 간호사 부족이 심각해서, 병원을 떠나 있는 이들에게까지 동원령이 떨어졌다. 치료법이 확실하지 않았다. 의사들은 절박한 심정에서 말라리아 치료제 퀴닌Quinine이나 과산화수소 같은 의약품을 시도해보기도 했고, 『랜싯Lancet』이나 『뉴잉글랜드 저널 오브 메디신New England Journal of Medicine』 같은 저명한 의학 잡지들도 충분히 검증되지 않은 논문을 쏟아냈다.

젊은 환자들이 사이토카인 폭풍cytokine storm으로 급작스레 상태가 악화하기도 했고, 어떤 환자들은 냄새를 맡지 못하는 증상이 몇 주 동안이나 지속되었다. 감염 예방을 위해 마스크를 착용해야 한다, 손을 씻어야 한다, 좁은 공간에 밀집하면 안

된다, 공중보건 전문가들이 권고했다. 이를 받아들이지 않는 이들이 있었다. 위험이 과장되었다며 반대 집회가 열리기도 하고, 유행의 파도마다 '이제 정점은 지나갔다'며 근거 없는 안심을 만들어내는 정치인도 있었다. '독일인이 바이러스를 몰고 왔다'는 거짓 선동을 확산시키는 신문 기사들이 이어졌다.

이 익숙한 이야기들은 코로나19에 관한 것이 아니다. 100년 전 스페인 독감, 즉 인플루엔자 팬데믹 시기에 미국에서 일어났던 일들이다. 2004년 출판된 미국 역사 저술가 존 배리 John M. Barry의 『위대한 인플루엔자: 역사상 가장 치명적인 팬데믹 이야기The Great Influenza: The Story of the Deadlist Pandemic in History』를 코로나19 유행이 한창이던 2021년에 읽었다.[15] 페이지마다 데자뷔를 경험했다.

물론 그동안 과학기술이 눈부시게 발전했다. 100년 전에는 유행이 다 저물도록 끝내 병원체의 정체를 알아내지 못했다. 폐렴구균pneumococcus, '헤모필루스 인플루엔자Hemophilus Influenza' 같은 세균이 강력한 후보로 거론되었다. 인플루엔자 바이러스와 헷갈리게 세균에 왜 이런 이름을 붙인 것인지 그동안 불만이었는데, 알고 보니 이런 사정이 있었다. 100년 뒤 인류는 RNA 바이러스를 빠르게 찾아냈고 진단법, 백신과 치료제도 놀라운 속도로 개발했다.

하지만 미지의 위협에 대한 사람들의 마음과 행동은 그다지 변하지 않았다. 공포에 사로잡힌 사람들의 다급함에서 비롯된 비이성적 행동, 이 불안에 기대어 혐오를 조장하는 선동은 사라진 과거의 유물이 아니었다. 또한 아무리 의료기술이 발전했어도, 환자가 급증할 때 병상을 신속하게 늘리고 인력을 확보하는 것은 그때나 지금이나 어려운 과제였다.

'가늘게 길게 애틋하게' 버텨나가는 길

코로나19 유행이 시작된 지 1년이 되었을 무렵 이런저런 언론 매체들과 인터뷰를 했다. 예방의학, 특히 역학疫學을 전공했다고 하면 사람들은 비슷한 질문을 던졌다. 중국에서 처음 유행이 시작되었을 때, 이렇게 팬데믹이 될 것을 예상했냐고. '이렇게 될 줄 내가 처음부터 알았다'고 자신 있게 말할 수 있었다면 좋았겠지만 진실은 그렇지 않았다. 사스, 신종 플루, 조류독감. 이들의 유행이 시작될 때마다 매번 팬데믹으로 진화할 수 있다는 경고가 있었지만, 다행히도 실제 그리 되지는 않았다.

코로나19 유행 초기에도 당연히 팬데믹을 경고하는 연구자가 많았고, 유행 양상을 보니 그럴 수도 있겠다는 생각이 들었다. 하지만 근거 없는 낙관을 가졌다. '설마 하필 내가 살고 있는 이 시대에 바로 그 일, 역사책에 나오는 스페인 독감 같은 대유행이 진짜로 일어나겠어?' 그런데 그 일이 실제로 일어났다. 그나마 비전공자보다 조금 나았던 점이라면, 포기가 빨랐다는 것이다. 대구 유행만 무사히 가라앉으면, 이태원 클럽발 유행만 어떻게든 꺾으면, 백신만 개발되면⋯⋯. 이런 종류의 기대를 일찌감치 접었다는 것이다.

인플루엔자 팬데믹도 1917년 시작되어 1918년에 대규모 사상자를 낸 후 크고 작은 유행을 반복하며 1922년 1월까지 지속된 것으로 알려져 있다. 모름지기 팬데믹이라면, 총력을 다해서 짧고 굵게 끝내는 것은 결코 불가능하며 '가늘게 길게 애틋하게' 버텨나가는 길밖에 없다고 생각했다. 안 좋은 예감은 항상 실현된다고나 할까? 우려했던 갖가지 상황이 그대로 현실이 되어 나타났다. 내 전공은 역학易學이 아닌데, 그리고 미래에서 온 시간 여행자도 아닌데, 중요한 순간마다 데자뷔를 경험했다.

이것은 2013년 보건의료 노동자를 연구할 때 들었던 이야기인데? 2015년 메르스 연구에서, 2016년 구금시설 실태조사에서, 2017년 결핵 연구에서 제기했던 문제잖아? 바로 지난봄에 부산에서 대구에서, 지난여름에 전남 고흥에서 경기도 안산에서 함께 이야기했던 주제들이잖아? 사실 코로나19 유행 과정에서 드러난 공공의료의 취약성이나 위험의 불평등, 소수자에 대한 혐오와 차별 문제는 전혀 새로운 것, 아무도 예상할 수 없는 기상천외한 그 무엇이 아니었다. 코로나19 바이러스는 눈·코·귀가 없고 판단과 의지를 가능케 하는 뇌도 없었지만, 우리 사회를 속속들이 알고 있는 것처럼 약한 부분들을 절묘하게 찾아내 타격을 가했다.

이주노동자에 대한 혐오

"홈리스들은 집단 밀집 생활을 하기에 전염성 질환에 취약해요. 또 외기에 고스란히 노출되어 있고, 주거가 없음으로 인해 위생 관리에 불리하죠. ○○○ 같은 게 발병했을 때 당연히 홈리스들에 대한 예방 대책이 발 빠르게 움직였어야 할 텐데 서울시, 보건복지부는 이 부분에 대해 놓치고 갔던 것 같아요."

"문제는 홈리스들은 지정병원만 갈 수 있는 체계라는 데 있는 거 같아요. 홈리스들은 대다수가 공공병원으로 지정된 노숙인 진료시설만 갈 수 있어요. 국립중앙의료원은 이 중 유일한 3차 병원이고요. 그런데 이곳이 ○○○ 환자만 받게 되다 보니 국립중앙의료원 진료가 필요한 분은 그대로 방치되는 상황이 온 거죠."

2015년의 연구였고, ○○○에 들어갈 단어는 '메르스'다. 하지만 이 자리에 '코로나19'를 넣어도 아무런 위화감이 없다.

"다시 그 노숙인을 거리에 놔둘까요? 거리에 놔둘 수 없어요. 시설에 맡겨야죠. 그런데 시설에서 받아주지 않아요. ○○ 때문에. 그럼 저희 센터 응급 잠자리에 데리고 와요. 저희 센터 응급 잠자리에 다른 이용하는 모든 사람과 같이 놔둬요. 검사 결과가 활동성 ○○이라도 나오면 어떻게 해야 되죠?"

2017년 연구였고 ○○에 들어가야 할 정답은 '결핵'이지만, 역시 '코로나19'를 넣어도 무리가 없다.

"양평에서 일하고 있었는데, 아예 바깥에 못 나가게 했다. 농장을 도망치기 전에 두 달 동안 하루 쉬었다. 코로나가 있건 없건 야채는 자라고 수확을 해야 하니까. 보통 두 달에 한 번 쉬고 한 달에 한 번 쉬고 한다. 코로나 시작되고 나서부터는 외출 자체를 못하기 때문에 한국 사람을 만난 적이 없다."

"밖으로 못 나가게 했다. 뭘 사주거나 하는 것도 없으면서 나가지 말라고 했다."

"사장이 음식 없으면 라면 먹으면 되지, 라면 먹는다고 안 죽어 이렇게 이야기했다."

"사장님은 일을 많이 안 하니까 라면 먹어도 되겠죠, 근데 우리는 많이 하니까 밥을 먹어야 해요. 이렇게 항의한 적 있다."

'국내에 바이러스를 전파하는 외국인'에 대한 혐오가 치솟았지만, 정작 국내에서 일하던 이주노동자들은 바이러스는 고사하고 인간과 마주칠 기회조차 박탈당한 채 유행 이전보다 더한 장시간 노동에 시달려야 했다. 20년 넘게 악명을 떨쳐온 고용허가제는 코로나19 상황에서도 빛을 발했다.

시민들을 설득하고 신뢰를 구축하다

이런 문제의 해결은 사실 '과학'이 아니라 '정치'의 몫이었다. 무릇 정치란 '정답'이 없는 사회적 문제를 해결하기 위해 공론의 장에서 대화하고 투쟁하면서 '최선의 답'을 찾아가는 과정이 아니던가? 하지만 코로나19가 머무른 4년 내내 들렸던 목소리는 정치 물러가고 과학 나오라는 괴이한 요구였다. '정치 방역'에 대비되어 '과학 방역'이라는 단어가 널리 회자했다. 정치란 당파적·음모론적·비과학적인 것이고, 그에 비해 과학은 불편부당·객관적·합리적이며 진리에 더 가까운 그 무엇을 의미하는 것으로 간주되었다. 과학과 전문가는 코로나19에 대응할 수 있는 '정답'을 이미 알고 있는데, 정치가 자꾸 끼어들어 '오답'을 제출하는 게 문제라는 인식이었다.

당혹스러운 점은 '과학 방역'을 주창하는 이들이 주로 정치인, 즉 정치를 직업으로 삼는 사람들이었다는 점이다. 자신이 하는 일에 대해 이토록 겸손한 태도를 가진 이들을 보면 마음이 따뜻해지기는 하지만, 겸양지덕도 과유불급이다. 전문가는 세상만사 만물박사라서 전문가가 아니라 자신의 분야를 깊게 알고 있기 때문에 전문가인 것이다. 전문가, 특히 과학을 직업으로 삼고 있는 사람들은 데이터가 말하는 것을 넘어서는 결론을 내리지 않도록 훈련받은 이들이다. 근거가 부족하면 후속 연구를 해야 하고, 모든 연구에는 크고 작은 제한점이 있기에 단정적 결론을 내리는 것에 매우 조심스럽다.

하지만 공중보건 위기 대응이 이렇게 이루어져서는 곤란하다. 불충분한 근거와 불확실성 속에서도 최선의 결론을 내리고 빠르게 실행에 옮겨야 한다. 과학적 타당성만이 아니라 여러 분야, 다양한 사람들의 삶에 미치는 사회적 영향도 고려해야 한다. 정책의 대상이 사람들이고, 사람들이 능동적으로 움직여야 그 정책이 비로소 작동할 수 있기 때문이다. 더구나 불평등과 혐오, 불의에 맞서는 것, 목소리를 내기 어려운 사람들을 위한 정책을 만들고 실행하는 것이 필요할 때, 데이터와 논문을 한 움큼 집어넣는다고 자동으로 정답이 출력되지는 않는다.

코로나19 팬데믹 대응에 필요한 지식과 전문성은 단 한 가지 종류만 있는 게 아니고, 또 전문가들이 다 모인다고 해서 최고의 방역 대책이 저절로 만들어지는 것도 아니다. 예컨대 여러 명의 연예인 얼굴에서 가장 매력적인 눈, 코, 입 부위를 모아 편집한 사진이 기대만큼 예쁘지 않은 것처럼 말이다. 최고의 바이러스 전문가라 해도 개인들의 방역 실천을 촉진하는 행동학적 중재에 대해서까지 전문성이 있는 것은 아니다. 감염병 명의라는 사실이 지역별 의료 자원 예측의 전문성을 보장해주지 않는다. 갈 곳이 사라진 홈리스 환자들의 의료보장 방안과 이주노동자들의 강제노동 근절 방안을 감염병 역학자들이 만들어낼 수는 없다.

전문가들은 각자의 전문 분야에 타당한 '좁은' 대안들을 내놓을 수밖에 없으며, 그게 바로 전문성이다. 이를 종합해 정답은 아닐지언정 최선의 결론을 도출하고 그 결과에 책임지는 것. 이는 정치, 직업으로서의 정치인이 해야 할 몫이다. 과학 기술과 전문가를 통해 위험을 통제할 수 있다고 생각하는 '기술적 패러다임'의 시대는 이미 예전에 지나갔다. 과학이 필요 없다는 뜻이 아니라, 과학만으로는 부족하다는 것이 오늘날의 위기 대응 패러다임이다.

지난 5년을 돌아보자. 진단 기술과 치료제, 백신 개발 속도는 정말 놀라웠지만, 바이러스는 계속 한 발씩 앞서나갔고 최신 방법을 활용한 전문가들의 유행 예측은 번번이 빗나갔다. 전문가나 정부에 대한 대중의 신뢰가 감소하고 사회적 갈등이 늘어날 수밖에 없었다. 이는 전문가에게 전권을 부여함으로써 해결할 수 있는 성격의 문제가 아니었다. 자원을 공정하게 분배하고, 시민들을 설득하고 신뢰를 구축하며 앞으로 조금씩 나아가는 것. 그것이야말로 정치가 해야 할 일이다. 직업으로서의 정치란 무릇 "열정과 균형 감각 둘 다를 가지고 단단한 널빤지를 강하게 그리고 서서히 뚫는 작업"(막스 베버)이라 하지 않았던가?

코로나19를 이렇게 조용히 떠나보내서는 안 된다. 코로나19 바이러스에게 인류 말살 따위의 거창한 계획은 없었지만, 이들은 절묘하게도 우리 사회의 약한 부분을 차례차례 건드렸다. 우리 사회는 방역 조치의 실행 과정에서 필연적으로 예상되었던 사회적 불평등에 대한 대비가 왜 불충분했는지, 보건의료 노동자 보호가 왜 적절하게 이루어지지 못했는지, 공공의료 확충은 왜 좀처럼 진전되지 않았는지, 코로나19가 우리사회에 남긴 유산과 과제는 무엇인지 진지하게 질문하고 답을찾아야 한다.

하지만 다이내믹 코리아는 지금까지 그래왔듯 또다시 앞만 보고 나아가느라 바쁘다. 멀지 않은 미래에 다시금 공중보건 위기나 사회적 재난에 직면하여 탄식과 함께 코로나19 유행을 떠올리며 '내 이럴 줄 알았다'고 아는 체를 해보았자 무슨소용이겠는가? 우리에게는 지금 성찰이 필요하다.

주

제1장

1 이주연, 「캐나다 토론토 공공보건의료 탐방기」, 『시민건강연구소』,
2018년 10월 26일; 조영훈, 「서스캐처원 메디케어의 도입을 둘러싼
1962년 의사 파업의 배경과 결과」, 『사회복지정책』, 2018년(45권 4
호), 89~114쪽; Gregory P. Marchildon and Klaartje Schrijvers,
「Physician Resistance and the Forging of Public Healthcare:
A Comparative Analysis of the Doctors' Strikes in Canada and
Belgium in the 1960s」, 『Medical History』, 2011(55), pp. 203~222.

2 Elianne Riska, 「The professional status of physicians in the
Nordic countries」, 『The Milbank Quarterly』, 1988(66, Suppl. 2).

3 Masaharu Nara, 「History of Ningen Dock」, 『2009년 대만내과학회
학술대회 연제집』, 2009년 11월.

4 「성모병원에 인간 '도크'」, 『경향신문』, 1962년 3월 29일; 나수섭, 「'인간
도크'에 대하여: 건강진단을 위한 정밀신체검사」, 『경향신문』, 1962년
11월 7일.

5 박유경 외, 「건강검진은 어떻게 "산업"이 되었나」(PHI 연구보고서 2015-02), 시민건강증진연구소, 2015년 9월 20일.

6 Stephany Tandy-Connor, Jenna Guiltinan, Kate Krempely, Holly LaDuca, Patrick Reineke, Stephanie Gutierrez, Phillip Gray, Brigette Tippin Davis, 「False-positive results released by direct-to-consumer genetic tests highlight the importance of clinical confirmation testing for appropriate patient care」, 『Genetics in Medicine』, Dec 2018(20:12), pp. 1515~1521.

7 日本人類遺傳學會, 「一般市民を對象とした遺傳子檢查に關する見解」, 2010.

8 American College of Medical Genetics and Genomics, 「ACMG Statement on Direct-to-Consumer Genetic Testing」, 『Genetics in Medicine』, 2004(6:1), p. 60.; 「Expansion of Genomic Tests Prompts Revised ACMG Statement on Direct-to-Consumer Genetic Testing」, Dec 17, 2015; 「ACMG Responds to FDA's Approval for Direct-to-Consumer Testing for Three BRCA Gene Mutations」, Mar 7, 2018.

9 에두아르도 갈레아노, 조숙영 옮김, 『거꾸로 된 세상의 학교』, 르네상스, 2004년.

10 에드워드 로이스, 배충효 옮김, 『가난이 조종되고 있다』, 명태, 2015년.

11 조은, 『사당동 더하기 25』, 또하나의문화, 2012년.

12 조경애, 「유시민 장관의 의료급여 제도 혁신 국민보고서의 문제점과 대책」, 『월간복지동향』, 2006년 11월.

13 고한솔 , 「한국판 '다니엘 블레이크' 사건…국가 배상 소송 나선다」, 『한겨레』, 2017년 8월 30일.

14 김명희 외, 「생계형 건강보험 체납자 실태조사 및 제도개선 연구」(PHI 연구보고서 2017-01), 건강세상네트워크·아름다운재단·시민건강증

진연구소, 2017년 12월 27일.

15 김태완·최준영, 『2023년 빈곤통계연보』, 한국보건사회연구원, 2023년.

16 「religion」, 『Britannica』.

17 Michael J. Balboni, John R. Peteet, 『Spirituality and Religion Within the Culture of Medicine: From Evidence to Practice』, Oxford University Press, 2017.

18 예란 테르보른, 이경남 옮김, 『불평등의 킬링필드』, 문예춘추사, 2014년.

19 Michele McKeegan, 「The politics of abortion: a historical perspective」, 『Women's Health Issues』, 1993(3:3), pp. 127~131.

20 제임스 팁트리 주니어, 이수현 옮김, 『체체파리의 비법』, 아작, 2016년.

21 다이애나 E. H. 러셀·질 래드퍼드, 전경훈 옮김, 『페미사이드』, 책세상, 2018년.

제2장

1 「COVID-19 could push the number of people living in extreme poverty to over 1 billion by 2030」, 『UNDP』, Dec 3, 2020.

2 Eva Corlett, 「New Zealand pandemic policies pushed 18,000 children into poverty, study shows」, 『The Guardian』, Tue 27, 2021.

3 송상윤, 「BOK 이슈노트: 코로나19가 가구소득 불평등에 미친 영향」, 『한국은행』, 2021년 5월 11일.

4 Cristina Barboza Solís, Romain Fantin, Raphaële Castagné, Thierry Lang, Cyrille Delpierre, Michelle Kelly-Irving, 「Mediating pathways between parental socio-economic position and allostatic load in mid-life: Findings from the 1958 British birth cohort」, 『Social Science & Medicine』, 2016(165), pp. 19~27.

5 Bruce S. McEwen, Peter J. Gianaros, 「Central role of the brain

in stress and adaptation: Links to socioeconomic status, health, and disease」, 『Annals of the New York Academy of Sciences』, 2010(1186), pp.190~222.; Bruce S. McEwen, Peter J. Gianaros, 「Stress-and allostasis-induced brain plasticity」, 『Annual Review of Medicine』, 2011(62), pp.431~445.

6   Laura C, Schulz, 「The Dutch Hunger Winter and the developmental origins of health and disease」, 『PNAS』, 2010(107:39), pp.16757~16758.

7   Zaneta M. Thayer & Christopher W. Kuzawa, 「Biological memories of past environments: epigenetic pathways to health disparities」, 『Epigenetics』, 2011(6:7), pp.798~803.

8   Kim Myoung-Hee et al., 「Socioeconomic inequalities in suicidal ideation, parasuicides, and completed suicides in South Korea」, 『Social Science & Medicine』, 2010(70), pp.1254~1261.

9   Lee Juyeon, Kim Myoung-Hee, Erica Di Ruggiero, 「The corporate killing movement in South Korea: a critical realist analysis of social structure and collective agency」, 『Critical Public Health』, 2021(31), pp.156~168.

10   유성규·남준규, 「2018년-2019년 산업안전보건법 위반 사건 1심 판결문 분석 보고」, 『노동건강연구』, 2020년 10월 12일.

11   김명희 외, 「재난 거버넌스와 민주적 공공성」, 『시민건강연구소』, 2020년 2월 21일.

12   이상윤 외, 「2016년 스마트폰 제조 하청 사업장에서의 메탄올 급성중독 직업병 환자군 추적조사 및 사후관리 방안」, 노동건강연대·한국산업보건학회, 2016년 12월.

13   김명희 외, 「지상간담회 2: 일이 없어졌다고 월급까지 반납하라니?」, 『노동과건강』, 2020년 봄(97호).

14 Davide Furceri, Prakash Loungani, Jonathan David Ostry, and Pietro Pizzuto, 「Will COVID-19 Affect Inequality? Evidence from Past Pandemics」, 『COVID Economics』, 2020, pp.138~157.

15 리처드 세넷, 조용 옮김, 『신자유주의와 인간성의 파괴』, 문예출판사, 2002년.

16 Steve Davies, 「Fragmented management, hospital contract cleaning and infection control」, 『Policy & Politics』, 2010(38:3), pp.445~464.

17 폴리 토인비, 이창신 옮김, 『거세된 희망』, 개마고원, 2004년.

18 Daniyal M. Zuberi, Melita B. Ptashnick, 「The deleterious consequences of privatization and outsourcing for hospital support work: The experiences of contracted-out hospital cleaners and dietary aids in Vancouver, Canada」, 『Social Science & Medicine』, 2011(72), pp.907~911.

19 Pearl Siganporia, George Astrakianakis, Hasanat Alamgir, Aleck Ostry, Anne-Marie Nicol, Mieke Koehoorn, 「Hospital support services and the impacts of outsourcing on occupational health and safety」, 『International Journal of Occupational and Environmental Health』, 2016(22:4), pp.274~282.

20 Veronica Toffolutti, Aaron Reeves, Martin McKee, David Stuckler, 「Outsourcing cleaning services increases MRSA incidence: Evidence from 126 english acute trusts」, 『Social Science & Medicine』, 2017(174), pp.64~69.

21 Nicholas A. Christakis, James H. Fowler, 「The spread of obesity in a large social network over 32 years」, 『New England Journal of Medicine』, 2007(357), pp.370~379.

22 Pekka Puska, 「Health in All Policies? The Finnish Initiative:

Background, Principles, and Current Issues」, 『Annual Review of Public Health』, 2010(31), pp. 315~328.

23 Theo Lorenc, Mark Petticrew, Vivian Welch, Peter Tugwell, 「What types of interventions generate inequalities? Evidence from systematic reviews」, 『Journal of Epidemiology and Community Health』, 2013(67:2), pp. 190~193.

24 Amanda Fallin, Rachel Grana, Stanton A. Glantz, 「'To quarterback behind the scenes, third-party efforts': the tobacco industry and the Tea Party」, 『Tobacco Control』, 2014(23), pp. 322~331.

제3장

1 김명희 외, 「산재보험 사각지대 해소 및 형평성 강화를 위한 연구 보고서(2019)」, 아름다운재단·노동건강연대, 2020년 5월 12일; 김명희 외, 「산재보험의 문 밖에 서 있는 사람들: 포용적 산재보험을 위한 과제」, 아름다운재단·노동건강연대, 2020년 12월.

2 더글러스 애덤스, 김선형 옮김, 『은하수를 여행하는 히치하이커를 위한 안내서』, 책세상, 2005년.

3 김명희 외, 「생계형 건강보험 체납자 실태조사 및 제도 개선 연구」(PHI 연구보고서 2017-01), 건강세상네트워크·아름다운재단·시민건강증진연구소, 2017년 12월 27일.

4 김명희 외, 「헌법에 건강권을! 10차 개헌과 건강할 권리」(PHI 연구보고서 2017-2), 세상을 바꾸는 꿈·공공의료성남시민행동·건강세상네트워크·시민건강증진연구소, 2017년 12월 31일.

5 Katherine McLean, 「The biopolitics of needle exchange in the United States」, 『Critical public Health』, 2011(21:1), pp. 71~79.

6 변수정 외, 「2021년 인공 임신 중절 실태조사」, 한국보건사회연구원,

2022년 6월 30일.

7 김새롬 외, 「성·재생산 건강 연속기획 I: 임신 중지를 의료로서 보장하
   기」(시민건강이슈 2022-10), 시민건강연구소, 2022년 10월 24일.

8 유영혁, 「'낙태죄 폐지 4년' 지났는데…법원 "임신 중지약 제공 사이트
   접속 차단 조치 정당"」, 『여성신문』, 2023년 10월 21일.

9 권미란, 「[방치된 자리, 수동연세요양병원] 에이즈 환자는 '병원'도 없
   고 '국가'도 없다: 요양병원에서 에이즈 환자를 거부하는 이유」, 『인권오
   름』(399호), 2014년 7월 10일.

10 Sid Ryan, David Rowland, David McCoy, Colin Leys, 「For Whose
    Benefit?: NHS England's contract with the private hospital sector
    in the first year of the pandemic」, 『Child Health Policy Institute』,
    Sept 2021.

11 Maria Luisa Buzelli, Tammy Boyce, 「The Privatization of the Italian
    National Health System and its Impact on Health Emergency
    Preparedness and Response: The COVID-19 Case」, 『International
    Journal of Health Services』, 2021(51:4), pp. 501~508.

제4장

1 「Night Shift Work」, 『IARC Monographs on the Identification of
   Carcinogenic Hazards to Humans』, 2020(124), IARC.

2 존 우딩·찰스 레벤스타인, 김명희 외 옮김, 『노동자 건강의 정치경제학』,
   한울아카데미, 2017년.

3 다음의 논문을 재구성해서 작성했다. Kim Myoung-Hee, Kim
   Hyunjoo, Paek Domyung, 「The health impacts of semiconductor
   production: an epidemiologic review」, 『International Journal of
   Occupational and Environmental Health』, 2014(20:2), pp. 95~114.

4   Ronald L. Wasserstein, Allen L. Schirm, Nicole A. Lazar, 「Moving to a World Beyond "p < 0.05"」, 『The American Statistician』, 2019(73), pp.1~19; Valentin Amrhein, Sander Greenland, Blake McShane, 「Retire statistical significance」, 『Nature』, 2019(567); Ronald L. Wasserstein & Nicole A. Lazar, 「The ASA's Statement on p-Values: Context, Process, and Purpose」, 『The American Statistician』, 2016(70:2), pp.129~133.

5   Richard Doll, Austin Bradford Hill, 「Mortality in Relation to Smoking: Ten years observation of british doctors」, 『British Medical Journal』, 1964(1), pp.1399~1410.

6   Jo C. Phelan, Bruce G. Link, Parisa Tehranifar, 「Social Conditions as Fundamental Causes of Health Inequalities: Theory, Evidence, and Policy Implications」, 『Journal of Health and Social Behavior』, 2010(51, Suppl), pp.S28~S40.

7   Adam Oliver, 「Reflections on the Development of Health Inequalities Policy in England」, 『Health Care Analysis HCA Journal of Health Philosophy and Policy』, 2010(18), pp.402~420.

8   신영전 외, 「한국 공공의료의 역사적 기원 및 변화에 관한 연구」, 한양대학교 산학협력단·국민건강보험공단, 2021년.

9   교육부, 「2023년 유치원 현황」(2023. 4. 1. 기준, 교육통계자료).

10 Kevin M. Gorey, Sindu M. Kanjeekal, et al., 「Colon cancer care and survival: income and insurance are more predictive in the USA, community primary care physician supply more so in Canada」, 『International Journal for Equity in Health』, 2015(14:109); Kevin M. Gorey, Caroline Hamm, Isaac N. Luginaah, et al., 「Breast Cancer Care in California and Ontario: Primary Care Protections Greatest Among the Most

Socioeconomically Vulnerable Women Living in the Most Underserved Places」, 『Journal of Primary Care & Community Health』, 2017(8:3), pp. 127~134.

11 Lusine Aslanyan, Zaruhi Arakelyan, Astghik Atanyan, et al., 『Primary healthcare providers challenged during the COVID-19 pandemic: a qualitative study」, 『BMC Primary Care』, 2022(23:1).

12 Regione Lombardia, 『2022 Una sanità territoriale più vicina e accessibile」, Accessed on Jan 3, 2023.

13 Enis Barış, Rachel Silverman, Huihui Wang, Feng Zhao, Muhammad Ali Pate, 『Walking the Talk: Reimagining Primary Health Care After COVID-19」, 『Washington DC: World Bank』, 2021.

14 Julian Tudor Hart, 『The Inverse care law」, 『Lancet』, 1971(1), pp. 405~412.

15 John M. Barry, 『The Great Influenza: The Story of the Deadliest Pandemic in History』, Penguin Books, 2004.

가장 평범한 아픔

ⓒ 김명희, 2024

초판 1쇄	2024년 12월 16일 찍음
초판 1쇄	2024년 12월 24일 펴냄

지은이	김명희
편집	박상문
본문 디자인	강동원
표지 디자인	이연정
독자 모니터링	박우주

인쇄	삼신문화
제본	신우제책사
종이	올댓페이퍼
물류	해피데이

펴낸곳	이글루
출판등록	제2024-000100호 (2024년 5월 16일)
이메일	igloobooks@naver.com

ISBN	979-11-987884-3-6 03300

이 도서는 2024년 문화체육관광부의 '중소출판사 성장부문 제작 지원' 사업의 지원을 받아 제작되었습니다.